7 ESTRATEGIAS
PARA SACAR PARTIDO
A LOS LIBROS
DE AUTOAYUDA

Lorraine C. Ladish
Raimon Samsó

7 ESTRATEGIAS
PARA SACAR PARTIDO
A LOS LIBROS
DE AUTOAYUDA

Prólogo de José María Carrascal

Si este libro le ha interesado y desea que le mantengamos informado de
nuestras publicaciones, escríbanos indicándonos qué temas son de su interés
(Astrología, Autoayuda, Ciencias Ocultas, Artes Marciales, Naturismo,
Espiritualidad, Tradición...) y gustosamente le complaceremos.

Puede consultar nuestro catálogo en www.edicionesobelisco.com

Colección Nueva Consciencia
7 ESTRATEGIAS PARA SACAR PARTIDO A LOS LIBROS DE AUTOAYUDA
Lorraine C. Ladish y Raimon Samsó

1.ª edición: mayo de 2009

Corrección: *José Neira*
Maquetación: *Mariana Muñoz*
Diseño de cubierta: *Enrique Iborra*

© 2009, Lorraine C. Ladish
© 2009, Raimon Samsó
© 2009, José María Carrascal, por el prólogo
© 2009, Ediciones Obelisco, S. L.
(Reservados los derechos para la presente edición)

Edita: Ediciones Obelisco S. L.
Pere IV, 78 (Edif. Pedro IV) 3.ª planta, 5.ª puerta
08005 Barcelona - España
Tel. 93 309 85 25 - Fax 93 309 85 23
Paracas, 59 C1275AFA Buenos Aires - Argentina
Tel. (541-14) 305 06 33 - Fax: (541-14) 304 78 20
E-mail: info@edicionesobelisco.com

ISBN: 978-84-9777-555-7
Depósito Legal: B-15.722-2009

Printed in Spain

Impreso en España en los talleres gráficos de Romanyà/Valls S.A.
Verdaguer, 1 - 08786 Capellades (Barcelona)

Según vas cumpliendo años,
descubres que tienes dos manos.
Una para ayudarte a ti mismo y otra
para ayudar a los demás.

Audrey Hepburn

Prólogo

Los libros de autoayuda se han convertido en el último *boom* editorial. Los hay de todos los tipos y tamaños, a cargo de especialistas y de meros aficionados, sencillos y complejos, basados en la teoría y en la práctica, dogmáticos y mesurados, sobre los temas más complejos y sobre las cuestiones más simples. Sólo los que versan sobre dietas para adelgazar o sobre recetas para cocinar, aunque a veces ambas actividades vayan juntas, constituyen una biblioteca por sí solos. Y que funcionan lo demuestra que los editores los aceptan a la primera, cuando cuesta Dios y ayuda que admitan cualquier otro, a no ser que el autor pertenezca al olimpo de los consagrados.

¿A qué se debe? Posiblemente, a la perfección que cada vez más buscan la mujer y el hombre actuales en todos los aspectos, físico, psíquico, profesional y social, que en parte tiene su origen en la competitividad que reina en la vida moderna, y en parte, al desarrollo técnico y científico que esta vida ha logrado. Julio Camba dedicó uno de sus deliciosos y agudos artículos a la operación de nariz, que en su tiempo sólo podían permitirse los multimillonarios. Hoy, son millones de personas las que se someten a ella, diría que como la cosa más natural del mundo, del «primer mundo» debo añadir, pues olvidé un detalle fundamental al hablar del *boom* de este tipo de libros: que ocurre sólo en los países con alto nivel de vida. En los restantes, por desgracia, la gente se da por contenta con tener para comer y un techo sobre sus cabezas. Pero ésta es otra cuestión. ¿O hay una relación subterránea entre ellas? Es posible, pero no es este el lugar para meterse en asunto tan complejo. Permanezcamos en los libros de autoayuda.

Su proliferación ha traído un problema inevitable: entre los muchos que hay, ¿cuál es el más útil para mí? El mejor ejemplo lo tenemos, aparte de los de dieta o cocina, con los manuales para aprender inglés o cualquier otra lengua. ¿Cuál escoger? Lorraine C. Ladish y Raimon Samsó, autores de libros de autoayuda sobre temas tan complejos como la bulimia, la creatividad infantil, la auto-superación o el *coaching*, han abordado el tema de cómo orientarse por el frondoso bosque de este tipo de libros. Lo hacen con experiencia de profesionales y el sano sentido común. Sin perderse en disquisiciones teóricas ni abusar de citas. Enfocando el asunto desde sus diversos ángulos –el del problema en sí y el de la persona que se encuentra en esa coyuntura–, para terminar en lo que es la clave de este género: práctica, práctica, práctica. Con la debida inyección de confianza que toda autoayuda necesita para que surta efecto. Por lo general, el lector se acerca a ellos movido por dos fuerzas opuestas, el recelo y la esperanza. Promover la segunda a costa de la primera es el imperativo capital de sus autores. Lorraine C. Ladish y Raimon Samsó lo consiguen a base de claridad, sencillez y un dominio completo de la materia. Y les dejo en sus manos para no destruir los efectos de su trabajo.

JOSÉ MARÍA CARRASCAL
Madrid, septiembre de 2008

Introducción

Este libro trata sobre un género editorial que tiene el don de cambiar vidas: la autoayuda. Contiene información capaz de activar el contenido de los libros que leas de ahora en adelante. Y responde a la pregunta: ¿Cómo sacar partido de los libros de autoayuda?

En el cajón de sastre «autoayuda» (*self-help*, en inglés) se engloban subgéneros que van desde la psicología aplicada a la espiritualidad, a relaciones, emociones, salud, autoestima, equilibrio interior, prosperidad, relajación y misticismo... Es un género en expansión en todo el mundo.

Todo libro tiene algo de desarrollo personal. ¿Cuál no transmite conocimiento de alguna clase? Lo transmite una novela de aventuras, un manual técnico, incluso una agenda que contiene afirmaciones positivas. Sin embargo, el género de la superación personal, más que ningún otro, se dirige directamente al lector y aborda sus problemas y el modo de solucionarlos.

El género de autoayuda mejora la vida de los lectores en algún aspecto porque está escrito con ese fin. No son necesariamente textos de entretenimiento; son por encima de todo libros útiles. Es la clase de conocimiento al que se acude en busca de respuestas y del testimonio de personas con problemas afines y que describen cómo afrontarlos y quizá resolverlos.

¿Por qué a veces no se consiguen resultados? El entusiasmo que suele despertar en el lector este tipo de libros se desvanece pronto si no se ponen en práctica sus sugerencias. Cuando no «funcionan», por lo general, es por la misma razón por la que no funcionan las dietas rápidas: con desear conseguir algo no basta. Para obtener resultados, hay que estar dispuesto a ser constante y cambiar nuestro orden de prioridades.

No se trata de leer, sino de poner en práctica lo que se lee. Si alguien quiere aprender a nadar, ¿podría conseguirlo mediante un curso por correspondencia o leyendo un manual? Claro que no; tendrá que tirarse a la piscina tarde o temprano. Para ello debemos vencer nuestros temores, y el modo de conseguirlo es hacer aquello que nos da miedo.

Un buen libro de autoayuda es una herramienta y requiere que el lector se comprometa a usarla. La lectura de superación personal debe ser activa. El lector no puede convertirse en un espectador y aguardar a que el contenido del libro se le aplique por ósmosis.

¿Funcionan los libros de autoayuda? En esta guía descubrirás que sí, siempre y cuando el lector esté dispuesto a poner algo de su parte para convertir la lectura en una experiencia interactiva y eficaz.

La presente guía pretende proporcionar un sistema probado para que el lector saque el mayor partido de los libros de superación personal. No es un sustituto, sino un complemento de cualquier texto que leas a partir de este momento. Esperamos que lo disfrutes y que le saques el mayor provecho.

LORRAINE C. LADISH y RAIMON SAMSÓ
septiembre de 2008

1
Pregunta…
qué libro de autoayuda leer

¿Por qué existen los libros de autoayuda?

El escritor escocés Samuel Smiles escribió, en 1859, el que sería el primer best seller del género y que acuñaría por primera vez el término «*self-help*». En su libro escribió: «La ayuda a partir de la nada tiene a menudo efectos debilitadores, pero la ayuda desde dentro indudablemente tonifica. Cuando los hombres están sometidos a una sobre-orientación y sobre-gobierno, la tendencia inevitable es que, por comparación, terminen sin recursos».

En 1935 se inició uno de los mayores fenómenos de grupos de auto-ayuda. Fue la creación de *Alcohólicos Anónimos*, que fundaron el doctor Bob Smith y un antiguo corredor de bolsa, Bill Wilson. Su método se basa en que nadie entiende mejor a un alcohólico que otro alcohólico, y que un alcohólico en remisión es quien mejor puede animar a un alcohólico en activo a dejar de beber. *Alcohólicos Anónimos* fue el precursor de muchos otros grupos de apoyo mutuo basados en esa misma filosofía.

Este tipo de grupos abarca toda clase de problemas y adicciones, desde el comer compulsivamente a gastar en exceso, la ludopatía o la co-dependencia.

Estos grupos de apoyo mutuo, basados en 12 pasos (descritos en el Apéndice), abordan la importancia de comenzar por reconocer que se padece un problema y que se necesita ayuda. No los dirigen médicos ni psicólogos, aunque tanto médicos como psicólogos pueden estar presentes en las reuniones del grupo. Han demostrado tal éxito –siempre y cuando se siga el programa al pie de la letra y se asista con regularidad a las reuniones– que especialistas en adicciones, psiquiatras y psicólogos los recomiendan.

En nuestro país, el término autoayuda no está registrado en el DRAE (Diccionario de la Real Academia Española), pero es de uso común y se aplica a cualquier libro, seminario o material destinado a que el lector, alumno o usuario se motive a sí mismo y dé los pasos necesarios para solucionar sus propios problemas o alcanzar sus objetivos o metas.

La pregunta que abre este apartado tiene varias respuestas, pero nos quedamos con ésta: el modelo insostenible del «estado del bienestar» parte de la dudosa premisa de que «alguien cuidará de ti». Este esquema en quiebra, y que ha hecho que las personas renuncien a la responsabilidad de cuidar de sí mismas, es a todas luces ineficaz. Los libros de autoayuda existen como una parte de la respuesta global y responsable del individuo que desea recuperar el poder personal que delegó en un sistema que, lejos de fortalecerle, le debilitó.

¿Por qué los compramos y qué buscamos en ellos?

En un mundo cambiante y cada vez más exigente, no siempre disponemos del dinero o el tiempo suficiente para asistir a todos los cursos o terapias que quisiéramos. Los libros –ya sean de autoayuda o de otro género– ofrecen una vía asequible, práctica y discreta para superar un problema, informarse o conseguir motivación. Desde perder peso a hablar en público, pasando por mejorar la comunicación con la pareja, hasta conseguir prosperidad... los libros de autoayuda cubren casi cualquier tema imaginable.

Dependiendo del momento, varían las tendencias y modas en cuanto a los temas en este campo. En épocas de recesión, abundan los libros sobre cómo gestionar las finanzas, cómo simplificar el estilo de vida, o cómo atraer la riqueza. En primavera salen a la venta más libros sobre cómo adelgazar o iniciar un régimen de ejercicio físico. Cuando hay una explosión demográfica se publican más libros sobre el embarazo, sobre cómo conseguir que tu hijo duerma o que mejore su comportamiento o su rendimiento escolar.

Hay temas intemporales, como el éxito en las relaciones personales y el logro de metas, por ejemplo. Actualmente hay una proliferación de libros sobre el bienestar espiritual y la búsqueda interior de la felicidad. Está comprobado que si uno no es feliz consigo mismo, ningún logro tendrá un efecto duradero en su estado de ánimo.

Cuando compramos un libro de autoayuda, por lo general tenemos la sensación de haber dado el primer paso hacia la consecución de una mejora personal. Significa estar dispuesto a superarse y tomar las riendas de nuestra vida. Leemos libros de autoayuda en busca de motivación, respuestas y estrategias útiles. Pero, para que den resultados, no podemos leerlos y luego olvidarlos.

Por qué no has conseguido siempre resultados duraderos y cómo corregirlo

Los autores estamos convencidos de que los libros de autoayuda funcionan, y tenemos buenas razones para afirmarlo.

Lorraine por ejemplo, consiguió superar un trastorno alimentario, estar siempre en forma, escribir y publicar más de quince libros, adaptarse a varias mudanzas que implicaron cambios de ciudad y país, conseguir y mantener el equilibrio interior necesario para afrontar las vicisitudes del diario vivir, y lanzar dos negocios de venta directa, por citar algunos beneficios conseguidos mediante la autoayuda.

Raimon dio un giro a su estilo de vida cuando abandonó una profesión lucrativa para dedicarse a su vocación –más acorde con sus valores– de escribir y destacar como orador motivacional, además de establecer su propio gabinete de *coaching* personal, entre otras cosas. También salió del laberinto emocional de sus anteriores relaciones de pareja.

Cuando un libro de autoayuda no produce en el lector el resultado deseado suele ser porque:

- No es el momento adecuado para leer ese libro. A veces, leemos un libro en una determinada época de la vida y no nos parece útil, pero si lo releemos en otra, de pronto cobra un nuevo significado y en esta ocasión resulta revelador.

  La solución: Releerlo más adelante o bien elegir otro título más apropiado a nuestra situación actual.

- El lector tiene prejuicios conscientes o inconscientes sobre el término «auto-ayuda» y no está totalmente abierto o preparado para recibir las ideas presentadas en el libro.

  La solución: Leer otro tipo de libro que no se relacione con la autoayuda pura y dura, pero que contenga mensajes que debemos recibir para cambiar o mejorar nuestra situación, nuestro ánimo o para aprender lo que necesitamos.

- No es el libro adecuado para tu problema o conflicto. Por ejemplo, si una persona con sobrepeso compra un libro sobre cómo adelgazar pero su verdadero problema es que padece bulimia o es comedora compulsiva, el libro sobre dietas no le servirá de gran cosa.

  La solución: Analizar cuál es el problema de raíz y elegir títulos que aborden las causas.

- El tono del libro no armoniza con tu forma de ser, con tus creencias, o con tu estilo de vida. Es parecido a tener o no química con una persona. ¿No te ha pasado alguna vez que una asignatura te resultaba pesadísima o no la comprendías, sólo porque no te caía bien el profesor?

  La solución: Escoger para tus lecturas sólo los libros y autores que encajen contigo.

- Tus expectativas sobre el libro eran diferentes de los objetivos del autor. Has de tener bien claro qué pretendes conseguir al leer un determinado texto de superación personal.

  La solución: Procura abordar todos los libros de autoayuda con una mentalidad abierta, pues ninguno contendrá las soluciones a todos tus problemas.

- Creías que con leer un libro o asistir a un curso, bastaría. Una lectura motivacional puede producir una falsa sensación de mejoría, que se desvanece a medida que pasa el tiempo, si el lector no convierte las enseñanzas del libro en acciones en su vida diaria.

  La solución: Usar los libros de autoayuda como libros de consulta, que se leen una y otra vez. Acostumbrarse a poner en práctica las sugerencias cada día.

- Tu temor al fracaso te impidió comprometerte contigo mismo a hacer lo que estuviera en tu mano para cambiar y te resultó más cómodo seguir haciendo las cosas como de costumbre y siendo el de siempre.

La solución: Admitir que nuestro peor enemigo es el miedo, y afrontarlo de una vez por todas. Haz aquello que te asusta y vencerás siempre.

- Contaste tu objetivo de superación personal a otras personas y sus comentarios negativos lograron fulminar tu ímpetu inicial y abandonaste.

  La solución: Comparte tus objetivos y propósitos sólo con personas que estén en el mismo camino de auto-superación y que sepas que te apoyarán.

- Cuando lo leíste, no tuviste el tiempo o la motivación para poner en práctica lo que sugería el libro, ya que no contabas con una guía como ésta que te explicara cómo sacarle el mayor partido.

  La solución: La tienes en tus manos. ¡Es este libro!

Qué dicen los detractores y qué los defensores

- *No sirven para nada.*

  Hay quien piensa que los libros de autoayuda son un género menor, para los débiles mentales, o un truco de *marketing* para hacer dinero. Habrá alguna manzana podrida en el montón, pero hay una inmensa mayoría de libros de superación personal extraordinarios que debería leer todo el mundo.

  Conocemos personas que –aunque les gustaría leer un libro de superación personal– no lo hacen porque les preocupa qué pensarán los demás, ¡incluso el librero! Algunas lectoras de Lorraine le han escrito reconociendo que cuando compraron uno de sus libros, por vergüenza lo pusieron debajo de otro título que compraron al mismo tiempo. Muchas personas leen y son entusiastas de los libros de autoayuda, aunque no todas lo admitan. Afortunadamente, cada vez más no sólo se acepta, sino que está bien visto el desear superarse, lograr éxito y proponerse y alcanzar metas en la vida.

No dejes que el «qué dirán» te impida evolucionar. Al contrario, es posible que puedas ayudar a otras personas si les recomiendas libros que a ti te han servido.

Además, sólo deberás invertir una pequeña cantidad de dinero y algo de tiempo; y puedes ganar mucho si el libro te ayuda a corregir tus problemas. Al final de esta guía encontrarás varios testimonios reales de experiencias con las lecturas de autoayuda.

- *Es de sentido común.*

Esto es cierto, pero no es motivo para evitar leer libros de autoayuda. El dicho: «El sentido común es el menos común de los sentidos» puede aplicarse en este caso.

Es de sentido común que para perder peso hay que ingerir menos calorías de las que se queman y practicar ejercicio físico. En tal caso, ¿por qué no todas las personas están delgadas y en forma? Si todos sabemos que para poder ahorrar hay que gastar menos de lo que ingresamos, ¿por qué hay tanta deuda crediticia?

Muchas veces aunque sepamos qué hacer para conseguir un resultado, no lo hemos desarrollado como hábito.

¿Recuerdas lo difícil que te pareció conducir un coche al principio? Había que estar pendiente de tantas cosas: el retrovisor, el volante, el freno, el embrague y la palanca de cambio. Sin embargo, con la práctica, conducir se convierte en algo intuitivo, que no requiere pensar. Para caminar hay que poner en marcha un sinfín de recursos neuronales, estructurales y musculares, pero se hace sin pensar. Lo mismo es aplicable al bienestar interior; cuando es un hábito, la paz mental es inevitable.

- *No me dice nada nuevo.*

Casi todos los libros se basan en ideas de pensadores anteriores, pasadas por el tamiz de la experiencia y la personalidad del autor, su entorno y su época.

Es más fácil de comprender un libro escrito en prosa contemporánea, basado en las enseñanzas de Lao-Tzu, por ejemplo, que el Tao original.

La literatura y la no-ficción contemporáneas también son fruto de todas las obras que las precedieron, pero esto no es motivo para descalificarlas.

Muchas de las ideas que presentan los libros de autoayuda son intemporales y los textos más recientes las adaptan al mundo actual. No era igual intentar encontrar un momento para meditar hace un siglo que en mitad del ajetreo moderno.

Nuestro mundo es siempre cambiante y los libros de autoayuda, al igual que la literatura, así lo reflejan. El hecho de que una idea no sea novedosa no quiere decir que no funcione; más bien al contrario. Por otro lado, hay una serie de problemas existenciales que son siempre los mismos, y por eso la Biblia, los Vedas o Platón, por ejemplo, siguen vigentes.

Como saben bien los expertos en publicidad y *marketing*, para que una idea o un concepto cale en el público, la gente tiene que verla y escucharla una y otra vez. Si no fuera así, cada campaña publicitaria consistiría en un solo anuncio, ¡que convencería a todos inmediatamente de consumir un determinado producto! La repetición es la base del aprendizaje.

- *Es filosofía barata.*

Lo hemos escuchado muchas veces. Suelen referirse a que el lenguaje utilizado en los libros de autoayuda no es académico ni científico. Por lo general, son libros de tono coloquial, con lenguaje sencillo y ameno. Si no fuera así, ¿quién los leería? ¿Recuerdas lo aburridos que eran algunos libros de texto? Creemos que los libros de superación personal deben ser entretenidos y fáciles de comprender. Si no, no cumplirían su cometido de ser asequibles a la mayoría de los lectores. Además, ¿por qué los libros de texto deben ser aburridos y difíciles?

Con el poco tiempo de que disponemos hoy, lo único que nos faltaba era tener que descifrar el sentido de un tocho filosófico que para comprenderlo se precisa disponer de un doctorado en psiquiatría o en física cuántica. Todo debe ser simple. Que un texto sea sencillo no implica que carezca de un sentido profundo y, sobre todo, útil.

- *A mí no me hace falta cambiar.*

Piensa en todas las facetas de tu vida, y pregúntate si no hay algo que te gustaría cambiar. Puede ser tan sencillo como gastar menos dinero o gestionar mejor el tiempo. ¡Pues os aseguramos que hay libros muy útiles sobre estos temas! Cuando Lorraine se instaló en Estados Unidos hace unos años, tuvo que aprender cómo funcionaba el sistema crediticio americano, así como el sistema médico. No tuvo que gastar cientos de dólares en consultas a profesionales, sino que leyendo varios libros obtuvo en poco tiempo la información necesaria para conocer a fondo el sistema.

¿Tienes una relación de pareja ideal? ¿Tus hijos se comportan como ángeles? ¿Tu vida es exactamente como tú quieres que sea? ¿Desarrollas un *hobby* que te gusta? Todo eso, por bien que vaya, es mejorable. Y en algún lugar hay un libro que explica cómo conseguirlo.

- *Los libros son carísimos.*

En comparación con los seminarios o las consultas con profesionales, los libros son la manera más asequible de acceder a los conocimientos y experiencias de otras personas. Cualquiera que sea el precio de un libro, la infinidad de veces que se puede releer y todo lo que se puede obtener del mismo, lo convierte en una de las mejores inversiones que existen. Invierte en ti leyendo a menudo.

- *No me gusta leer.*

Para eso está el audiolibro, que puede escucharse en casa, en el automóvil o en los reproductores MP3, por ejemplo. Hay muchas maneras de acceder a las enseñanzas de los libros de superación personal sin necesidad de adentrarse en sus páginas.

Si no está disponible el título que quieres o necesitas en audio, siempre puedes grabar tu propia versión, con la ventaja añadida de poder grabar sólo los capítulos o párrafos que más te interesen.

El coche es uno de los mejores lugares para aprovechar el tiempo escuchando CD de audiolibros en lugar de las noticias. ¡Convierte tu automóvil en una universidad ambulante!

¿Por qué funcionan los libros de autoayuda?

Los libros de autoayuda sí funcionan, y muy bien, por varios motivos. Veámoslos.

El principal es que te permiten tomar las riendas de tu propia evolución y diseñar tu propio destino. Cuando reconoces qué es lo que quieres aprender, cambiar o mejorar y eliges qué libros y qué métodos seguirás para hacerlo, los pones en práctica y consigues resultados, tu autoestima sube.

Los libros de superación personal y mejora profesional te permiten estar en constante proceso de aprendizaje y reciclaje. Cualquier profesión requiere estar siempre al día de las últimas técnicas, de los últimos avances y refrescar las nociones básicas para poder desempeñar tu actividad con eficacia.

Imagina un abogado, un médico o un mecánico de coches que dijera que «ya lo sabe todo» porque tiene un diploma o un doctorado. A la velocidad a la que avanza el conocimiento nadie sabe siempre todo. ¡Hay que ponerse al día constantemente!

La vida está repleta de retos para los que no siempre estamos preparados. Nadie nace sabiendo cómo afrontar la separación de los padres, salir del alcoholismo, sufrir un despido, superar una depresión o la muerte de un familiar. Son sólo algunos ejemplos.

Aunque dicen que no se puede aprender de los errores ajenos, discrepamos. El testimonio de alguien que se declaró en quiebra por haber caído en el uso desmedido de las tarjetas de crédito, por ejemplo, puede motivarte a gestionar mejor tus finanzas.

Cuando lees un libro escrito por alguien que ha pasado por lo mismo que estás pasando tú –ya sea una depresión, la pérdida de un ser querido, el querer adelgazar o simplemente el deseo de avanzar profesionalmente– y compruebas que esa persona tuvo éxito, sabes que hay una salida. A veces es más eficaz un consejo dado por alguien que ha conseguido lo que quieres conseguir tú que las sugerencias de un profesional que nunca tuvo que lidiar con semejante situación.

Por lo general la información y los métodos que ofrecen los libros de autoayuda han sido demostrados y probados. Si funcionaron para el autor y para otros lectores, ¿por qué no te van a servir a ti? En el fondo, todos nuestros problemas se parecen mucho, por no decir que son los mismos.

Tus lecturas deberían conducirte a hacerte preguntas sabias y directas.

Si eres capaz de plantearte una pregunta (la causa), tienes la capacidad de encontrar la respuesta (el efecto). No hay causas sin efectos; por lo tanto, formularse preguntas mientras lees textos de autoayuda, es vital.

Las personas que se hacen preguntas sabias obtienen mejores resultados en la vida que quienes no se las formulan. Saben que no se trata de encontrar respuestas inmediatamente sino que se mantienen abiertas a recibir respuestas sin ejercer la presión de la impaciencia o la duda. Tienen la certeza de que, tras activar la causa de la pregunta, tarde o temprano, inevitablemente recibirán el efecto de una respuesta.

Toda mejora surge de un cambio previo de mentalidad; y toda realidad es el fruto de la mentalidad que la ha creado. Conservar una forma determinada de ser y tratar de conseguir resultados diferentes es una quimera, así que lo primero que hay que hacer es deshacerse del hábito de «ser el de siempre». Aunque es sencillo, no todos están dispuestos, pues el cambio implica enfrentarse a lo desconocido, y esto a menudo genera ansiedad o temor. Recuerda que lo único que hay que temer es el temor en sí, como dijo Franklin E. Roosevelt.

Si deseas un gran cambio en tu vida, deberás abandonar parte de tus creencias y comportamientos. No trates de hacerlos convivir con una nueva realidad, porque no encajarán.

Un buen lector de libros de autoayuda debe tener confianza y fe en las enseñanzas que recibe. Si no cree en ellas, difícilmente apostará por hacerlas suyas. Muchos lectores leen con asombro, desconfiadamente, deseando creer pero sin lograr creer. Su ego se opone con expresiones tales como: «Si hiciera eso sería vulnerable», «es demasiado sencillo para que funcione», «es difícil»... Leer con una mentalidad temerosa, desconfiada y negativa nunca funciona, pero desafortunadamente es la actitud de muchos lectores. Nuestra meta es ayudar a eliminar esa mentalidad.

Tras una lectura de autoayuda, el lector debería siempre preguntarse qué situaciones presentes o pasadas son un ejemplo práctico de lo que ha leído.

Aborda los libros de autoayuda libre de prejuicios y con una mentalidad abierta. No te preocupes por «cómo» aplicar sus enseñanzas, concéntrate sólo en aplicarlas. La intención es lo primero y lo segundo, el compromiso.

Cómo elegir los libros

Cada año, se publican en España unos 60.000 libros. Una parte son traducciones de títulos que se editan en Estados Unidos, el país de la autoayuda. El libro que buscas es como una isla en medio de un océano editorial. De entre tantos libros, ¿cómo saber cual es mejor para ti?

A pesar de que es interesante informarse de quién es el autor y en qué basa sus escritos, así como el estilo de sus enseñanzas, lo mejor es probar hasta dar con los títulos y autores que te vayan mejor.

El requisito imprescindible para cambiar algo en tu vida, ya se trate de una creencia, un comportamiento o una actitud, es, como ya hemos dicho antes, tener la intención de hacerlo. Comprar un libro de autoayuda y leerlo es el primer paso.

El mero hecho de dedicar tiempo y esfuerzo en desear o aprender algo nuevo producirá algún resultado. Lo más importante es simplemente comenzar y aprovechar la inercia inicial.

Pero, al igual que ocurre con las dietas o el deporte, la ilusión y motivación del principio va desapareciendo y más allá de cierto momento se hace más difícil persistir.

Otro de los motivos por los que casi todos los libros y métodos de autoayuda sirven es porque el lector cree que le ayudarán. Una actitud positiva ayuda a lograr cosas aparentemente imposibles o muy difíciles. Si tienes fe en un libro o un método, casi seguro que funcionará. Es el mismo efecto placebo que consigue que una píldora de azúcar por ejemplo, surta el mismo efecto que un medicamento porque el paciente creía que tomaba una medicina.

Para conseguir que los resultados sean duraderos –la parte más difícil– has de conseguir que lo que aprendas en los libros se convierta en un hábito como lo es desayunar o ir al trabajo, por ejemplo. A las personas que van a misa los domingos y lo hacen por convicción no les cuesta esfuerzo, lo disfrutan. Lo mismo ocurre con el deporte. Cuando estás en forma, lo que echas de menos es no practicarlo. La meta es conseguir que las sugerencias de los libros de autoayuda se conviertan en una costumbre.

El mejor libro para ti es el que resuelve tus dudas. El compromiso con uno mismo, aumentar la autoestima, ser constante, establecer metas y planificar cómo alcanzarlas para luego poner el plan en práctica son constantes de la mayoría de los libros y seminarios de autoayuda.

Si lees un libro que te dice cosas que «ya sabes», no lo dejes de lado si te las trasmite de una forma más sugerente o te anima a –por fin– ponerlas en práctica. El aprendizaje, ya lo sabes, se basa en la repetición y en interiorizar lo aprendido.

Por otro lado, es poco probable que un solo libro tenga la respuesta a todas tus inquietudes. Por tanto, es normal leer varios para dar con los conceptos que mejor se adapten a ti.

Si un autor asegura que es posible perder 30 kilos en un mes, hacerte rico de la noche a la mañana o aprender inglés en siete días, deberías desconfiar. Las dietas relámpago no funcionan porque no cambian los hábitos alimenticios de quien las sigue. Es relativamente fácil perder peso, lo difícil es ser constante y mantenerse delgado.

Lo mismo se aplica a cualquier seminario o método de autoayuda. Si quieres tener una actitud positiva pero tu tendencia es hacia el pesimismo, tendrás que ser constante en tu práctica diaria. No basta con un esfuerzo puntual.

2
Prueba...
si se puede aplicar a tu situación

No es lo mismo saber que conocer

Imaginemos que deseas aprender a jugar al golf y tu primera decisión consiste en ir a una librería y comprar un manual para principiantes. Estupendo, en aquella estantería está lo que buscabas. Eliges, de entre varios libros, uno con muchas fotos. Pinta bien. Vuelves a tu casa con grandes expectativas y lo lees de un tirón en tu sofá.

Interesante lectura, te abre la mente a un sinfín de detalles de los que antes no eras consciente. Antes de leer el libro no tenías ni idea de lo que significaba jugar al golf. Ahora dominas el argot del juego: *green*, hándicap, *caddy, swing...* Cuando hables del tema sin duda parecerás un experto... Pero ¿lo eres?, ¿en realidad sabes jugar al golf?

Cambiemos de deporte.

Imagina ahora que quieres aprender a nadar. Se acerca el buen tiempo y habrá buenas oportunidades para darte un chapuzón. Esta vez sigues una estrategia diferente: optas por hacer un curso a distancia en lugar de leer un manual. El golf es un juego, pero saber nadar te podría salvar la vida. ¿Crees que después de seguir un curso por correspondencia de natación sabrías nadar? Claro que no.

Los ejemplos anteriores son muy obvios, pues basta con ir al campo de golf o a la piscina para descubrir que el aprendizaje empieza justo allí. Pero darse cuenta de esto no es tan obvio cuando se trata de aplicar las ideas de los libros de autoayuda. Algún lector puede decir de su lectura: «Eso ya lo sé», ¿pero es un ejemplo de que lo sabe? Podrías pensar que con estar de acuerdo parece suficiente. Creerás que una vez lo has «pillado» aplicarlo será sencillo, pero no suele serlo…

Una cosa es la información y otra el conocimiento.

Una cosa es la teoría y otra la práctica.

Hay una gran diferencia entre saber algo y realmente conocerlo.

Una persona puede estar de acuerdo, flirtear con una idea, intentar adoptarla o desear aplicarla. Pero una cosa es haber oído y estar de acuerdo, y otra bien distinta es convertirse en un ejemplo de lo que uno sabe.

Si con leer bastase, todos tendríamos varias carreras universitarias, dominaríamos muchas lenguas, seríamos hábiles en muchos deportes y expertos en diferentes campos.

Entonces, ¿para qué sirven los libros de autoayuda? Como en tantas cosas, son un punto de partida. La parte práctica de los libros de autoayuda –y todos la tienen– eres tú. ¡La parte práctica es tu vida! Algunos lectores reclaman ejercicios en los libros. ¿Para qué?, si pueden ejercitarse en sus experiencias presentes y su situación actual. ¿Qué mejor práctica existe que el diario bregar?

Los libros de autoayuda son versátiles y pueden aplicarse en cualquier situación, incluso en aquellas en las que parece difícil. Precisamente cuando es más complicado aplicar lo que sabes es cuando más lo necesitas. Una vez una mujer rechazó un libro de autoayuda que Raimon le recomendaba argumentando que no era el momento, pues estaba demasiado mal como para leerlo. Entonces ¿cuándo? ¿Qué mejor momento que cuando es más necesario? Su argumento sorprendió tanto a Raimon como si un enfermo dijera que se encontraba demasiado mal como para dejarse ver por un médico.

Las estadísticas dicen que sólo un 5% de los lectores de un libro llegan a sacar provecho duradero de él. Es muy poco y sin embargo es así: el 95% de los lectores pasan de puntillas sobre los contenidos de los libros que leen. Algo parecido ocurre con los seminarios... A las pocas semanas apenas queda una buena impresión y el recuerdo de un puñado de buenas ideas. La palabra clave en la formación es «transferencia»; es decir, de todo lo aprendido: *¿qué* aplicarás, *cuándo* y *cómo* lo harás? Cuanto antes empieces, mejor.

Desde luego hay muchos libros de autoayuda y no todos son buenos; en esto pasa como en todo. Hay que separar el trigo de la paja y para ello nada mejor que poner atención en el autor. ¿Es un ejemplo de lo que escribe? Nuestra recomendación es que leas libros del tipo «cómo lo hice» de autores contrastados y no del tipo «quiero y no puedo» o «lo digo pero no lo hago»...

Como vivimos en la Era de la Información, el valor hoy día lo establece la información aplicada. Tanto es así que las empresas pagan a sus ejecutivos no *por lo que saben* sino *por lo que hacen con lo que saben*. A tu médico no le pides certificación académica, la das por segura; le exiges resultados: que te cure. A tu abogado no le pides sus calificaciones universitarias en derecho romano o derecho civil; le exiges resultados: que resuelva tus asuntos.

Hoy estar rabiosamente al día en cualquier tema es casi imposible, ya que la información disponible se duplica casi cada año. Nadie, ni aún dedicando las 24 horas de la jornada, conseguiría mantenerse al tanto de absolutamente todo lo que ocurre en su campo.

Hemos pasado de la Era Industrial a la Era de la Información, y pronto ingresaremos en la Era del Conocimiento. La humanidad está generando mucha información, pero eso no significa que se transmute en conocimiento. En el siguiente cambio de Era ya no bastará con teorizar sobre el conocimiento, sino que será preciso experimentar un nuevo nivel de conciencia. La supervivencia no será del más fuerte o el más poderoso, sino del más sabio.

Llévalo a tu vida y pruébalo

El conocimiento que se te ofrece es como una prenda: puedes probártelo. Comprueba cómo te sienta, y si te es útil, quédatelo; en caso contrario, busca en otra parte.

Por ejemplo, si te gusta viajar, es probable que compres revistas sobre tus destinos favoritos, tal vez alguna guía de los lugares que vas a visitar… Pero una cosa es echar un vistazo al mapa y otra distinta adentrase en el terreno. El mapa no es el territorio, del mismo modo que el menú no es la comida. Tampoco la vida puede explicarse, tiene que vivirse… Vívela.

Estamos seguros de que después de leer esta guía con siete estrategias te sentirás llamado a pasar a la acción y planificarás tu viaje a ese lugar interior que anhelas conocer. No te contentarás con saber más sobre un «nuevo territorio»; querrás explorarlo y conocerlo.

Los autores de libros de autoayuda proponemos nuevos territorios a los lectores con la esperanza de que se aventuren a adentrarse en ellos; es decir: profundizar en sí mismos. No les invitamos a tomarse unas vacaciones, sino a experimentar. Y experimentar es integrar en el ser.

Algunos de los territorios que proponemos explorar son:

- Paradigmas y creencias
- Inteligencia emocional
- Estilos de vida alternativos
- Relaciones conscientes
- Autoestima y autocomprensión
- Paz mental
- Niveles de conciencia superiores

Cuando una persona explora nuevas perspectivas que pueden expandir su vida, está dejando atrás sus límites.

Las personas acuden a los libros de autoayuda cuando se cansan de pensar a pequeña escala y deciden convertirse en gigantes del conocimiento.

A menudo, una fuerte experiencia vital, como una pérdida o una enfermedad, provoca una transición abrupta; en cambio, un libro produce por lo general una transición suave a nuevos territorios. Un libro proporciona perspectivas nuevas que iluminan un área que el lector no había considerado. Al hacerlo, crea una oportunidad. El lector la tomará o no, pero ya nunca podrá ignorarla.

Un lector que es capaz de dar a su realidad un nuevo significado amplía sus opciones y se encuentra con que tiene que responsabilizarse de sí mismo. Esto puede ahorrar mucho tiempo medido en años, esfuerzos y errores.

Hemos descubierto que personalizar las lecturas hace que impacten más al lector. ¿Cómo personalizar? Sencillo: por ejemplo, cuando Raimon lee, inserta su nombre y tiene la impresión de que el libro le habla a él. Si en el libro dice: «Tu vida cambiará si cambias tú», lo lee como si pusiera: «Tu vida, *Raimon*, cambiará si cambias tú». Pruébalo, haz tuyo el texto, personalízalo.

Después de leer este apartado, reconocerás que la necesidad de actuar se debe a que todo lo que deseas –y aún no has conseguido– se halla fuera de tu zona conocida y de confort. ¿Cómo podemos afirmarlo con tanta rotundidad? Porque si lo que buscas estuviera en tu entorno inmediato, ¡ya lo habrías encontrado!

La resistencia al cambio

En los próximos minutos aprenderás que la resistencia al cambio explica por qué un gran número de lectores sacan poco partido de los libros de autoayuda que leen.

Un cambio siempre resulta incómodo. Los cambios, incluso si son para mejor, suelen generar resistencia. Esto supone una gran paradoja en la cual por un lado el lector adquiere un libro y lo lee con el deseo sincero de aprender y mejorar; y por otro lado, se resiste a practicar los cambios que el libro propone. El resultado es frustración, por no hacer lo que sabe que debería poner en práctica. Y esa frustración puede convertirse en una opinión negativa hacia el género de autoayuda. Es decir, el lector proyecta sobre el libro su insatisfacción interna.

Sigmund Freud llegó a la conclusión de que muchos de los pacientes que acudían a él tenían grandes deseos de mejora –igual que ocurre con los lectores de los libros de autoayuda–, pero descubrió que la mayoría no mejoraba con el transcurso de las sesiones. Freud se dio cuenta de que el problema consistía en que sus pacientes, en el fondo, deseaban conservar su neurosis. Lo único que pretendían era aprender a convivir con ella sin sufrir tanto.

Freud denominó a esta dinámica «resistencia».

Resistencia no significa que la persona esté luchando con las ideas que contiene el libro de autoayuda, sino que está en lucha consigo misma.

El lector en busca de ayuda quiere cambiar, pero también quiere no cambiar. Está insatisfecho por lo que no tiene, pero a la vez defiende esa carencia como una «propiedad». De tal modo que no quiere el malestar, pero tampoco quiere que se lo arrebaten.

El lector de autoayuda resistente no es consciente de su resistencia. Y como dice Freud, no solamente no es consciente de su resistencia, sino que también es inconsciente de los motivos de su resistencia.

Seguramente tú, lector, te preguntarás cómo es posible que la mayoría de las personas se resistan a algo que les hace bien y se empeñen por ejemplo en excederse, ignorarse y maltratarse...

La explicación a esta paradoja es que cuando alguien cambia, tiene que dejar atrás una forma de ser a la que se había acostumbrado. Tendrá que desprenderse de ideas, creencias y también de hábitos de comportamiento. Todo eso puede despertar el temor a dejar de ser «el de siempre».

El lector puede sentirse «cuestionado» por lo que está leyendo –y es lo mejor que puede ocurrirle–. Pero como nadie desea sentirse «atacado», la reacción suele ser contraatacar. Reaccionará negando lo que está leyendo. Pero hay que tener siempre presente que ningún libro ataca a su lector. Convertir esas ideas en un ataque o un apoyo es una elección. Cuando un lector se siente atacado por una lectura, debería empezar a pensar si no está demasiado apegado a su sistema de creencias.

Muchos lectores se preguntarán cómo pueden eliminar sus resistencias al cambio. Nadie puede escapar a sus resistencias a menos que las examine primero; ya que si no las examina las está protegiendo y por tanto se convierte en cómplice de sus debilidades. Para superar esto, nada mejor que reconocer sus resistencias y enfocarse en las ventajas que le aguardan cuando las supere.

Freud insistía en que cualquier resistencia psíquica sólo se puede disolver poco a poco. Esto implica un grado de paciencia que no todas las personas han desarrollado o desean desarrollar. Por suerte, los libros aguardan en la librería a ser leídos y le dan tiempo al lector para que haga sus transiciones y se prepare para una segunda lectura; momento en el cual estará mucho más receptivo y menos resistente.

Generar el cambio personal

Imagina que a los cinco años te compran unos zapatos ideales que nunca se estropean. Pasa el tiempo, tú cambias, tus pies crecen. Pero sigues calzando los mismos zapatos. Imagina ahora qué doloroso tener que caminar con ellos. Pues, a menudo, eso es exactamente lo que sucede. Nosotros cambiamos, el mundo cambia, pero nuestras creencias no cambian… Y eso acaba doliendo.

Sabemos que hay quien prefiere «malo conocido que bueno por conocer», pero es una mala estrategia.

Es una lástima que nos hayamos acomodado hasta el punto de pensar que las cosas tienen que ser fáciles. Solo una mente difícil piensa que la vida tiene que ser fácil. Es duro leerlo, es duro oírlo, pero más duro es vivir alejado de la verdad.

Si tú, lector, eres de los que piensan que tiene que haber otro modo, que hay una clase de vida mejor y que el momento de vivirla es ahora, acabas de pasar página en el guión de tu vida.

Sabemos que fuera de tu *zona de comodidad* hay incertidumbre. Pero aventurarse a descubrir qué hay más allá merece la pena. Si quieres desarrollarte como persona y crecer por encima de tus limitaciones debes saber que eso sucederá sólo cuando traspases las fronteras de lo que te resulta familiar.

Si tu determinación consiste en avanzar en esta dirección, bienvenido a una de las fases más creativas de tu vida. Habrá un antes y un después bien definidos.

Si cualquier cambio te resulta incómodo, recuerda que antes del cambio también te sentías incómodo, incluso tal vez más que ahora. Y si no haces nada, con el paso del tiempo tu situación no hará más que empeorar.

Lo cómodo, a la larga, suele resultar muy incómodo. En su versión popular: lo barato sale caro. Si haces lo fácil, a la larga todo es más difícil; pero si ahora empiezas por lo difícil, a la larga todo será mucho más fácil. Es una ley universal, vale para todo, y sin embargo suele ignorarse.

La persona promedio pasa más tiempo en la *zona de comodidad* que en la *zona de oportunidad*. En el mundo abunda la insatisfacción precisamente por querer jugar a lo seguro. No es teoría, es una realidad.

William Bridges, en su trabajo *Gestionando las transiciones,* nos ayuda a comprender la respuesta de las personas ante el cambio. Para él, «cambio» y «transición» son diferentes. Lo primero es externo, lo segundo, interno. Si antes no se elabora una transición interior, no se producirá el cambio exterior. En su libro, el autor afirma: «A menos que ocurra la transición, el cambio no funcionará».

El modelo de transición de Bridges es muy útil para entender las fases hacia un nuevo comienzo. Las tres etapas son:

1. Un final (para que algo empiece, antes algo debe terminar)
2. Una fase neutral o de transición (para que la confusión se transmute en claridad)
3. Un comienzo (para crear una nueva percepción)

Te habrás dado cuenta de que la primera y la tercera son cambios externos y que la segunda es la transición interna que mencionábamos. Esta etapa es la más importante y suele ser la más larga. Su propósito es elaborar la transformación personal.

En resumen: los cambios en tu mundo son consecuencia de los cambios en ti. Tú eres el resultado de tu trabajo interno. O expresado de diferente manera: tu vida cambiará cuando tú hayas cambiado, pero no antes.

¿Por qué existe la adicción insconsciente al sufrimiento?

Las personas son adictas a sus pensamientos sin saberlo. ¿Es eso posible? Basta con repetir un pensamiento un día sí y otro también, y ahí tienes una adicción.

Un pensamiento repetido en el tiempo se convierte en una creencia, y una vez creada, buscará confirmarse en la realidad para sobrevivir como tal. Todos tenemos creencias y por tanto todos somos adictos a ciertos pensamientos. La cuestión es: ¿a qué creencias deseas ser adicto?

El doctor Joe Dispenza –conocido por su participación en el film: *¿¡Y tú que sabes!?*– explica en sus libros que los pensamientos crean una química específica que llamamos «emociones». Para él, la emoción no es más que la solidificación del pensamiento en una sustancia específica –creada por el organismo– que se percibe como una sensación corporal. En resumen, las emociones son moléculas químicas activadas en el cerebro. De lo que podemos sacar varias conclusiones:

Los pensamientos temerosos crean sufrimiento.

Los pensamientos amorosos crean paz interior.

Ningún pensamiento es neutro.

Ningún pensamiento deja de existir una vez se ha creado.

Cuando una persona se ha acostumbrado a recibir cierta dosis química producida por un tipo determinado de pensamiento, ya es adicta a la química de su pensamiento predominante. Las personas, desde luego, no quieren sufrir pero no pueden dejar de hacerlo porque son adictas a la química de sus creencias negativas. Por eso hay personas que desean dejar de fumar, beber o comer en exceso pero no lo consiguen. La mente se muestra muy débil con respecto a las emociones. Sin embargo esto no significa que sea imposible cambiar.

Todos somos adictos a ciertos pensamientos, y en los libros de autoayuda buscamos nuevos patrones mentales y pautas con las que desengancharnos de viejas creencias nocivas. Vivimos rodeados de adicciones y de adictos; y aun así, los profesionales de la medicina y la terapia siguen percibiendo la adicción como un misterio. Cada día, personas adultas llegan a sus consultas con el deseo de abandonar una adicción; y a la vez, expresan su impotencia para conseguirlo. Puede parecer que en realidad no quieren abandonar su adicción, pero sí quieren.

Los resultados son desiguales: unas veces las personas retornan a sus adicciones tras breves espacios de tiempo de abstinencia, otras sustituyen una adicción por otra… Algunos sustituyen el alcohol por el tabaco, otras el tabaco por la comida; y muchas, una relación disfuncional por otra tanto o más disfuncional que la anterior. Los resultados deberían hacer pensar que ¡lo importante es tratar la causa, no los efectos!

Entonces, ¿cuál es la causa de la conducta adictiva? Antes de responder, déjanos decirte que no está en los genes, no se debe a una debilidad o falta de voluntad, ni siquiera a lo que algunos terapeutas justifican con una «ganancia oculta o secundaria». La respuesta a la pregunta que encabeza este párrafo consta de una sola palabra y esta palabra es: ansiedad.

La causa de las adicciones es un sentimiento que la adicción trata de tranquilizar y de hecho lo consigue momentáneamente aunque luego reaparece. La adicción es un hábito nervioso detrás del cual hay una ansiedad subyacente que lo dispara una y otra vez. Ésta es la prueba: todos los adictos se relajan o tranquilizan cuando repiten su comportamiento adictivo. No les gusta lo que hacen, pero reconocen que tranquiliza su ansiedad momentáneamente.

Los adictos no son víctimas de un mal hábito, ¡sino de su ansiedad! Un buen terapeuta trabaja sobre las causas, no sobre los efectos. Los libros de superación personal van a la raíz, ayudan a los adictos a reconocer y comprender su adicción. Cuando uno comprende qué está haciendo a nivel mental, se encuentra en posición de dar un primer paso para romper la adicción; y cuando empieza a elegir mejores creencias, entonces la persona se transforma en adicta al bienestar. A partir de ese punto, le es muy sencillo sentirse bien, y tendría que esforzarse para sentirse mal.

¿Estás dispuesto a desaprender para poder reaprender?

Imagina por un momento que la mayoría de problemas no surgen por «lo que no sabemos», sino por lo que «creemos saber y no es verdad». Muchos libros de autoayuda se escriben en esta línea y buscan cuestionar las creencias que nos limitan y después nos ayudan a sustituirlas por otras que expanden la conciencia.

Desaprender es más difícil que aprender, pero no es imposible. Si hay quienes lo consiguen, tú también puedes hacerlo.

Empieza a cuestionar las creencias que te coartan la alegría de librarte de una limitación.

Los libros de autoayuda te enseñarán a reaprender. Pero antes deberás estar dispuesto a llevar tus creencias inconscientes a la luz. Los libros de autoayuda te enseñarán a reconocer las creencias erróneas y a menudo te sugerirán que hagas cambios radicales.

Es importante que no trates de entender el nuevo conocimiento desde el punto de vista de la vieja mentalidad. Por ejemplo, si tratas de hacer convivir el conflicto con la paz, eso ya es un conflicto en sí.

Toda creencia que no te conduzca a la paz no es válida. Ésta es la prueba más determinante para saber si lo que crees que sabes te sirve o no. Si una creencia es fruto del miedo o del sufrimiento, es que no es cierta. Si es fruto del amor y de la paz interior, es válida. La mejor prueba de que has aprendido correctamente es que tanto tú como las personas que te rodean gozáis y compartís la misma paz. Conocimiento y paz son dos caras de una misma moneda. No puedes tener una sin la otra. Van de la mano, son causa y efecto.

No podrás aprender la verdad si antes no desaprendes lo que es falso. Deshazte de todo lo que has aprendido y no ha contribuido hasta la fecha a tu felicidad. Si estás dispuesto a aprender, aprenderás. En caso contrario, repetirás lo que crees saber y no es cierto.

¿Cómo saber que has aprendido correctamente? Es tan sencillo como preguntarte cómo te sientes ahora: si sientes paz, tu nivel de conocimiento y tu entendimiento son perfectos.

3
Actúa...

en este momento y no lo
dejes para más adelante

**Cómo elegir libros de autoayuda dependiendo
de tu situación personal**

Para obtener buenos resultados de los libros de autoayuda, debemos leerlos con una mente abierta. Siempre habrá algún mensaje que se adapte a tu propósito o situación personal. A veces leemos un libro y pensamos: «Parece que lo haya escrito yo». Pero también hay ocasiones en que un determinado autor o libro nos «chirría».

Cuando esto último sucede, puede deberse a varios motivos:

- No nos gusta el estilo o el tono del libro.
- Es una traducción de otro idioma o cultura y esto no siempre se adapta bien a nuestro propio idioma o cultura.
- No concuerda con nuestras creencias (religiosas o espirituales, por ejemplo) o con nuestros valores.

- No estamos preparados en ese momento para recibir y aplicar la información que estamos leyendo. Si no estás preparado o interesado, por mucho que estudies o leas, no lo vas a captar.

Antes de lanzarte a comprar nuevos libros de autoayuda, primero examina tus estanterías a ver qué tienes. A veces contamos con tesoros olvidados en nuestra biblioteca. No es lo mismo leer un determinado libro a los veinte años que a los cuarenta. Tampoco es igual leer el libro *Cómo tener éxito e influir en las personas* (Dale Carnegie) cuando eres estudiante que cuando eres el dueño de tu propia empresa. Ojea y hojea los títulos que compraste, que te prestaron, y que leíste o no leíste hace tiempo. ¿Cuál capta ahora tu atención? Comienza por leer ése y un libro te llevará a otro, ya lo verás.

Busca en Internet libros sobre el tema de tu interés y lee las opiniones de otros lectores. La opinión de un lector puede resultar más valiosa que la de un crítico, porque el lector opina para ayudar a otros lectores a orientarse, y el crítico lo hace desde un punto de vista profesional. En el sitio de Internet www.amazon.com encontrarás las valoraciones de los lectores de casi cualquier libro, en inglés y a veces también en español. Cada vez más las librerías *on-line* permiten que los lectores publiquen su opinión.

Pregunta a amigos y conocidos qué libros han leído últimamente y qué libros les han marcado. Ya sea que quieras cambiar un aspecto determinado de tu vida o marcar una diferencia en general, recuerda que cualquier libro siempre te aportará algo. Aunque sólo te sirva una idea en medio de cientos de páginas, ya vale la pena.

Cuando vayas a la biblioteca o la librería plantéate primero qué es lo que quieres: ¿un libro sobre un tema muy específico, un libro de tono espiritual, o un libro más práctico?

En la sección de autoayuda, superación personal, psicología o espiritualidad (a veces también están, por motivos que desconocemos, en la sección de «ciencias ocultas»), hojea varios libros. Elige un momento en el que tengas tiempo para no precipitarte en tu elección. Mira los títulos, lee la sinopsis e incluso algunos párrafos o un capítulo entero. Muchas librerías disponen de un espacio cómodo para hacerlo.

No es preciso que el libro que elijas sea de publicación reciente (las buenas ideas son intemporales), ni escrito por autores de renombre. Hay muchas obras escritas por desconocidos para el gran público que son muy valiosas. En el mundo editorial entran en juego muchos factores, como la promoción –el que un nombre «suene» o no–, que a menudo nada tienen que ver con el valor real de un libro.

Si eres una persona eminentemente práctica, entonces quizá no le saques todo el jugo a un libro en el que el mensaje principal se transmite mediante una parábola o un cuento. O si estás en una fase de tu vida en que prima la espiritualidad, elegirás libros que aborden temas metafísicos y no tan pragmáticos.

En Estados Unidos, la cuna de los libros de autoayuda, la palabra «Dios» está en boca de casi todo el mundo; mientras que en España, por ejemplo, no es así. Pocas veces se escucha en España a un político dar «gracias a Dios» en público por su éxito, y no nos referimos a la expresión lingüística. Lo que queremos decir es que si no eres practicante de una religión, la palabra «Dios» en un texto puede provocarte rechazo.

Sin embargo, si consideras que el concepto «Dios» se utiliza para expresar un «Poder Superior» o simplemente una fuerza que se describe como *algo más grande que el hombre*, entonces estarás dispuesto a recibir otros mensajes importantes que pueda contener el libro.

Algunos lectores tienen interés en saber si el autor es un ejemplo de lo que escribe o si sus libros son mera palabrería. Los escritores, oradores y motivadores también son humanos, y aunque tengan el talento de transmitir ideas y métodos eficaces para tener éxito o para superar un problema, también se les presentan retos a diario, como al resto.

Santa Teresa de Jesús, que escribió *El castillo interior*, vivió la mayor parte de su vida sumida en una crisis de fe, y sin embargo se dedicó por entero a intentar superar esta crisis y también a transmitir mediante sus escritos que el único camino válido es el que lleva hacia el conocimiento de uno mismo.

El Dr. Wayne Dyer, conocido autor de *Tus zonas erróneas* y de muchísimos libros más, se ha casado varias veces. ¿Significa esto que sus enseñanzas no sirven? ¿O bien que, cuando escribe un libro, afronta un reto de su vida que le ha motivado a aprender? Todas las personas cometen errores, los autores también, pero en su caso debe ser un ejemplo de la aplicación de sus propias soluciones.

Por lo general, los autores de libros motivacionales comienzan su carrera a partir de una gran dificultad en su vida que provocó un despertar espiritual o de auto-superación a raíz del cual decidieron compartir su experiencia con otras personas.

Eckhart Tolle escribe al inicio de su libro *El poder del ahora* que a los 29 años cayó en una depresión que casi desemboca en el suicidio; y sin embargo ese hecho lo llevó a alcanzar la paz interior. Ahora él es una gran inspiración para muchos de sus lectores tras escribir varios libros superventas sobre el desarrollo personal.

Un autor de libros de autoayuda no es inmune a los retos de la vida, al alcoholismo, al divorcio, a la enfermedad, etc. Pero suele ser una persona con recursos y fortaleza interna para superar estas situaciones, y tras lograrlo, siente la necesidad de comunicar a otras personas cómo lo consiguió.

Cómo abordar la información aparentemente contradictoria de diferentes libros y cómo sacar partido de todos ellos

La respuesta en inglés sería: «*Take what you need and leave the rest*». Es decir: «Aprovecha lo que necesites y deja el resto de lado». Eso es ir a lo práctico.

Supongamos, por ejemplo, que lees un libro sobre cómo mantener la salud, y uno de los conceptos clave que trasmite es que los pensamientos negativos son la causa de la enfermedad. Si tienes siempre pensamientos positivos –dice el supuesto libro–, evitarás caer enfermo. Luego lees otro manual sobre el mismo tema donde se afirma que una enfermedad es un reto que te envía el destino, Dios, o en lo que creas, y que debes buscar la parte positiva al problema. Te dice que debes aceptar tu enfermedad; y que el pensamiento negativo no es responsable de la enfermedad pues, sino, ¿cómo se explica que un bebé contraiga una enfermedad incurable? ¿Qué pensamientos negativos puede tener un bebé?

Bien, ahora ¿con cuál de las dos opciones te quedas? Por cierto, el ejemplo utilizado es real. Hemos leído esos conceptos contradictorios en diferentes libros.

La metafísica abarca múltiples corrientes de pensamiento. ¿Cuál de las dos opciones anteriores significa algo para ti? ¿Qué concepto te resulta más fácil de poner en práctica?

Otro ejemplo: un libro te explica que para tener éxito, hay que visualizar cada mañana todas las metas que quieras lograr en tu vida: un buen trabajo, una casa, un matrimonio armonioso... Luego lees otro que te dice que el mayor éxito es aceptar tu vida tal y como es ahora y disfrutar cada momento. Si tiene que llegar el cochazo y el sueldo estupendo, llegará. Y si nunca sales de pobre, es porque así tenía que ser, pero si aprendes a valorar cada detalle de la vida y no desear nada, lo tendrás todo...

¿Qué conceptos sintonizan contigo? No hay una respuesta válida y otra equivocada ni una verdad absoluta. Establece tu criterio y sé coherente.

Para Lorraine el éxito es aprender a disfrutar del momento y no vivir pendiente de eventos futuros que supuestamente le traerán la felicidad. Asegura que alcanzar metas es estupendo y gratificante, pero que cuando las consigues, o bien te marcas nuevas metas o aprendes a disfrutar del proceso. Lorraine tiende a leer y escribir libros que explican cómo se puede vivir pendiente del momento presente, aceptando los retos que se presentan, pero con una actitud positiva y de valentía. La felicidad, para ella, está en las cosas pequeñas, aunque tampoco le hace ascos a las grandes cuando se presentan.

Para Raimon el éxito es conseguir lo que deseas y la felicidad apreciar lo que tienes. El éxito tiene que ver con el logro y la felicidad con el agradecimiento. Las personas que consiguen lo que quieren pero después no lo valoran, no son felices. Escribe libros de éxito e imparte cursos sobre cómo alcanzar objetivos. Es *coach* personal y ayuda a marcar metas y a dar los pasos necesarios para conseguirlas. Es un productor de sueños. Con su «*coaching* para los milagros» enseña a pensar sin límites, a pensar como un genio. Además, él es un ejemplo de todo lo que escribe y su entorno lo refleja.

Ambos abordamos la autoayuda de modos diferentes pero complementarios. Por tanto, creemos que, como lectores, lo mejor es leer mucho para disponer de distintos puntos de vista y luego cribar y quedarnos con lo que se adapta a nuestros valores personales.

Cómo evitar ponerte la zancadilla a ti mismo

La zancadilla más común es el pensamiento negativo y limitador. El obstáculo más grande que hay entre nosotros y nuestras metas siempre está en la mente, no fuera.

Las excusas más frecuentes para no perseverar en la consecución de los resultados deseados, después de leer un libro o asistir a un seminario, son:

• *No tengo fuerza de voluntad.*

Todos tenemos fuerza de voluntad, aunque tal vez no desarrollada. La cuestión es convertirla en una costumbre. Entonces, lo que al principio nos costaba un esfuerzo titánico se convierte en algo habitual.

• *No tengo tiempo.*

En realidad, cuando no tenemos tiempo para alguna cosa, es porque no es una prioridad. Convierte en una prioridad el poner en práctica los consejos de los libros de autoayuda y siempre tendrás tiempo para ello. No tienes tiempo, pero ¿ves la televisión?, ¿chateas o navegas por Internet? Entonces es que tienes tiempo –si así lo quieres– para leer y para aprender.

• *Soy demasiado perfeccionista. Si fallo un día, me cuesta mucho volver a empezar.*

Procura concienciarte de que no se trata de «volver a empezar» cada vez. La perfección no existe y pretender alcanzarla es una excusa.

- *Ya es tarde para cambiar.*

No es cierto. A medida que pasa el tiempo, algunas costumbres y formas de pensar están más arraigadas en nosotros, pero si realmente quieres mejorar en algún aspecto, puedes hacerlo. Lorraine aprendió a escribir a máquina al tacto a los 36 años, después de toda una vida de hacerlo con dos dedos y mirando el teclado. Ahora escribe rápido y sin mirar. Raimon cambió de profesión a los 40 años y hoy es una referencia en su campo.

- *Leí el libro, pero mi vida siguió igual.*

Y seguirá igual, si no tomas la determinación de desapegarte de tus viejas posiciones mentales y abrazar otras.

- *Por un día no pasa nada.*

Si tienes luchas internas y te convences de que saltarte el gimnasio «sólo esta tarde» o no escribir afirmaciones positivas «sólo esta semana» no tiene importancia, te equivocas.

Aunque no lo creas, sí es posible tomar una decisión (por ejemplo la de poner en práctica ejercicios de superación personal) y ser fiel a la misma aunque dudes. ¿No vas al trabajo todos los días? Ese mismo nivel de compromiso lo exige cualquier objetivo. Si has decidido ir al gimnasio los martes por la tarde, por ejemplo, o escribir afirmaciones durante quince minutos cada noche, es preciso que lo hagas. Hasta que se convierta en un hábito, no te permitas dudar.

- *Ya lo haré mañana, el lunes, el mes que viene, a primeros de año...*

El mejor momento siempre es *ahora*. ¿Qué otro momento hay? En cuanto lo hayas hecho, te sentirás inmediatamente mucho mejor. Raimon siempre sella una decisión con una pequeña acción inmediata y así le resulta más fácil terminar el nuevo proyecto.

Recuerda que, como ya hemos dicho, cualquier acción que emprendas, por pequeña que sea, es mejor que no emprender ninguna. Además, el tiempo y la energía que pasabas recriminándote por no hacer esto o aquello de pronto está a tu disposición para aprender francés, perder peso, conseguir un trabajo mejor o practicar yoga, por ejemplo.

- *Mi marido (o mi mujer) no me apoya.*

Muy bien, ¡pues apóyate tú! El hecho de que alguien quiera realizar cambios positivos en su vida a menudo es un recordatorio para quienes le rodean de que ellos *no* están llevando a cabo esos cambios positivos en sus propias vidas. Queriendo o sin querer, sabotearán tus intentos de cambiar. Ésa no es una buena excusa para no poner en práctica lo que lees en los libros de autoayuda. Busca personas afines, que estén en la misma onda que tú, y crea tu propio grupo de apoyo. Todos necesitamos ayuda, en mayor o menor medida. No es un signo de debilidad, sino todo lo contrario.

- *No lo he hecho nunca. ¿Y si me sale mal?*

Si *haces* algo para tu evolución personal es prácticamente imposible que salga mal. Siempre y cuando des los pasos adecuados, aunque tropieces, al menos estarás caminando en la dirección correcta. El mero deseo de cambiar algo, aprender o mejorar significa que estás preparado para hacerlo, aunque no lo hayas hecho nunca antes. El temor no es un motivo para *no* hacer algo. La mejor manera de superarlo es hacer aquello que temes. Lorraine ha superado así el temor a: hablar en público, a conducir, a subirse a un avión, a patinar y a muchas cosas más. Raimon a: decir a las claras lo que piensa, a pedir lo que necesita y a aparecer en los medios de comunicación.

Cómo vivir una vida de constante mejora y evolución personal

La superación personal no tiene un principio y un fin. Nadie puede afirmar que no le queda nada por aprender, por superar, o por mejorar. La vida es un proceso de constante evolución, no es estática, y nosotros tampoco. Mientras haya respiración, hay una lección por aprender.

Si conseguir la felicidad consistiera en algo tan sencillo como marcarse objetivos, la mayoría sería feliz todo el tiempo. Y no es así... De hecho, la felicidad se basa en disfrutar del proceso de alcanzar tus metas y darte cuenta de que lo más difícil es mantenerlas. Procura apreciar lo que ya tienes mientras te empeñas en conseguir lo que te propones.

La superación personal es un modo de vida y no requiere irse a un monasterio o a un retiro espiritual para ponerla en práctica. El desarrollo personal radica en utilizar las herramientas que te proporciona la autoayuda para lidiar con los problemas diarios. También implica levantarte cada vez que das un traspié y caes, aprender de tus errores y adoptar una serie de hábitos que te permitirán estar receptivo a cualquier nuevo aprendizaje que te sirva para vivir una vida plena y satisfactoria.

Si, por ejemplo, una de tus metas es estar en forma, no basta con leer un libro sobre qué tipo de ejercicios fortalecerán tus músculos. Tampoco basta con inscribirte en un gimnasio y usar la fuerza de voluntad para acudir unas pocas veces, hasta que la lucha interior entre la pereza y el deseo de estar en forma dé paso a la comodidad.

Pregúntate por qué quieres estar en forma: ¿es por un motivo externo (qué pensarán de mí los demás) o interno (quiero tener más energía y gozar de buena salud para disfrutar de mis hijos)? Recuerda que la mayoría de objetivos que te propongas no implicarán cruzar una meta y recibir una medalla. Cuando un deportista bate un récord, la cosa no queda ahí. Luego ha de batir su propio récord, para mantenerse al mismo nivel. Es decir, es algo que requiere constancia y compromiso.

Por tanto, para estar en forma, puedes comprarte un libro sobre cómo incorporar el ejercicio a tu vida diaria y elegir qué deporte vas a practicar. Pero hasta que tú mismo no te identifiques como «deportista», te será difícil convertir el deporte en una prioridad.

Para aprender y para superarse, no basta con saber qué hay que hacer, sino que tienes que tener la disposición de hacerlo. Hasta que no se produce una acción, no hay cambio. Puedes teorizar acerca de la mejor manera de aprender a nadar, conducir, pintar, escribir... Pero si no nadas, no eres nadador. Si no conduces, no eres conductor... Para ser pintor, basta con pintar con regularidad, lo hagas bien o mal. Para ser escritor, basta con escribir. Actúa y, cuanto más actúes, más te acercarás a aquello que te propones.

Sencillo, pero no siempre fácil.

Actuar, actuar, actuar: ésa es la clave.

No basta con leer libros sobre cómo tener empatía, cómo encontrar el sentido de tu vida, o cómo destacar en tu área profesional... Para obtener resultados, has de seguir tu instinto con regularidad y lidiar con situaciones que pongan a prueba tus nuevos conocimientos.

Cuanto más aprendas, en cualquier aspecto de la vida, más fácil te resultará adquirir conocimientos nuevos. Y cuanto más practiques lo que aprendes, más rápido adquirirás destreza y más ganas tendrás de aprender nuevas cosas.

Algunas personas se adentran en la autoayuda porque hay un aspecto de su vida que quieren mejorar. Si consiguen su propósito, no tardan en darse cuenta de que mejorar una parte despierta la motivación y la necesidad de mejorar en otros aspectos. Por otro lado, la destreza que se adquiere para una cosa es aplicable a otros campos y, por tanto, cuanto más desarrolles una habilidad, más habilidoso conseguirás ser en todo lo demás.

Para vivir una vida de constante evolución y mejora, hay que adoptar una actitud de humildad. También hay que tener una mente abierta y ser capaz de escuchar. Por otro lado, las enseñanzas más importantes a menudo nos llegan de la mano de situaciones o personas inesperadas.

Ocurre que personas de gran intelecto no son capaces de desarrollarse emocional o espiritualmente, precisamente porque tienen mucho conocimiento intelectual. Eso puede ser un impedimento, porque las personas muy racionales a menudo no tienen la suficiente humildad para abrirse a ideas sencillas que podrían contribuir a su crecimiento personal en otras áreas.

Una de las prácticas más provechosas de los grupos de doce pasos –tipo Alcohólicos Anónimos– es hablar y abrirse a los demás sin que nadie pueda interrumpir, ni juzgar en voz alta lo que dijo otro. Es difícil al principio, ya que es muy habitual querer convencer a los demás de nuestro punto de vista y no escuchar a otras personas.

Todos deberíamos autoevaluarnos y preguntarnos qué actitudes, actividades y valores ya no nos sirven, y en qué aspectos deberíamos realizar cambios. Es decir, ¿cuál es nuestro siguiente nivel? Si lo hacemos regularmente, siempre estaremos en la vanguardia de nuestra evolución personal y sentiremos una gran satisfacción.

Recuerda también que la infelicidad y el descontento a menudo son el motor del cambio. Usa todo eso como palanca de cambio. No te lamentes por los obstáculos que afrontes. Cada vez que logres obtener una enseñanza o una nueva destreza a raíz de un problema que te surja, aumentará tu confianza en tu propio potencial.

Por otro lado, es corriente pensar que cuando se alcanza la plenitud, se tiene siempre paz espiritual y bienestar. La realidad es que cuando tienes las herramientas con las que lidiar con las pruebas que te presenta la vida, ocurre que tu fe, tu determinación, tu paciencia y empatía –la capacidad de ponerse en el lugar de otras personas– se ven puestas a prueba continuamente.

Imagina que compras un libro acerca de cómo mejorar tu relación de pareja. Lo lees y procuras poner en práctica algunas de sus sugerencias. Un buen día tu pareja llega a casa, te dice algo que te sienta mal y ¡explotas! ¿Significa eso que el libro no te sirvió? ¿O implica que se está poniendo a prueba tu paciencia y tu capacidad de perdonar?

Una de las dificultades principales es que a veces se espera que, por leer un determinado libro o adquirir un nuevo conocimiento, a partir de ese momento, sea facilísimo ponerlo en práctica. Nunca es así. Cuando adquieres un nuevo conocimiento, tendrás que comprobar si realmente has desarrollado la capacidad de llevarlo a cabo.

Cuando aprendiste a montar en bicicleta seguramente te caíste algunas veces, igual que cuando aprendiste a caminar. ¿Te impidió eso continuar aprendiendo y practicando? Claro que no, sobre todo porque los niños todavía no han desarrollado los temores y la autoflagelación a la que nos sometemos a diario los adultos.

El camino hacia la consecución de una meta no es una línea recta. Tiene altibajos, implica dar pasos hacia atrás, reaprender cosas, practicar, tropezar, levantarse, y sobre todo, seguir adelante a pesar de todo.

Un libro de autoayuda es, como dice Raimon, un «*coach* de bolsillo»: tu entrenador personal para el bienestar. Úsalo como tal y obtendrás resultados.

Acción interior y acción exterior

Cuando sugerimos pasar a la acción nos referimos a realizar acciones internas y externas. ¿Pero cuáles son más importantes? Sin duda, la acción interior. Entre el 80% y el 90%, si no más, de los cambios que más necesitas deben producirse primero en tu mente y no en el mundo. ¿Por qué razón? Porque la mente es la gran herramienta creativa de la conciencia.

Tus lecturas de autoayuda te cambiarán a ti, y en la medida en que tú cambies, cambiará tu vida.

No aconsejamos centrarse exclusivamente en los cambios externos porque duran muy poco. Luchar contra un comportamiento, una enfermedad, unas circunstancias vitales es inútil. Es una perdida de tiempo y de energía. Tal vez se obtengan tímidos resultados de forma provisional, pero a la larga el problema se mantiene o deriva en otro.

Si buscas un libro de autoayuda con el ánimo de que te diga «qué debes hacer» conseguirás mucho menos que si buscas uno que te enseñe «quién debes ser».

Tus circunstancias y experiencias son el resultado acumulado de todos tus pensamientos, emociones, creencias, hábitos y elecciones hasta este día. Tu vida ahora es una consecuencia de quién eres y quién has sido hasta ahora. Lo que ves ahí fuera es el efecto acumulado de tu propio campo mental y emocional. Aceptarlo puede ser duro pero es más duro ignorarlo y continuar con el drama y la ficción.

Las acciones externas sobre el comportamiento o el aspecto de nuestra vida no tienen efectos duraderos.

Manipular el drama exterior para no tener que afrontar el cambio interior con la esperanza de mejora es una fantasía. El cambio y el ajuste deben producirse en el campo mental y emocional para que sean eficaces y duraderos.

La lectura de un libro de autoayuda no produce resultados si el lector se limita a manipular los efectos externos e ignora las causas internas. En la superficie de la vida los efectos son muy obvios, pero no lo son tanto las causas, seguir mirando el drama externo no facilita el poder ver las causas que se hallan en un nivel no visible.

Aquel que actúe sobre las causas no debe preocuparse lo más mínimo, ni siquiera impacientarse por los resultados, ya que éstos serán inevitables.

Si alguna persona ha leído infinidad de libros de autoayuda y asistido a otros tantos cursos de desarrollo personal y las cosas siguen igual, es porque tal vez llevó a cabo alguna acción externa pero olvidó aplicarse en la acción interna.

¿Cómo sabremos si nos centramos en la acción interna o la acción externa? En primer lugar, examinando la realidad, que nunca engaña y es un testimonio veraz de lo que sucede en nuestro interior. Lo importante es centrarse en la acción que puedes tomar en el momento presente, y el hecho de que tengan una consecuencia será inevitable.

En tus lecturas, pregúntate qué debes cambiar en tu mundo interno –quién eres– y no intentes cambiar tu mundo externo –lo que haces–. De hecho, cuando cambies tú, cambiarás tu forma de hacer las cosas.

4
Estudia...
en lugar de limitarte a leer

Cómo estudiar los libros de autoayuda

Este capítulo contiene tres estrategias probadas para el aprovechamiento de los libros de autoayuda.

La primera estrategia: haz anotaciones al margen del libro y marca las ideas relevantes para ti. Las estadísticas indican que solo retenemos un 20% de lo leído en el último mes. Pero si elaboramos notas de lo leído, la retención alcanza el 90%. ¡Vale la pena tomar notas!

Un libro se ama a fuerza de usarlo. Cuantas más arrugas de uso tiene un libro, más vivo está.

Los libros de la biblioteca de Raimon son testigos de buenos momentos. Muchos le han acompañado en largos viajes, con casi todos ha compartido tazas de té, algunos incluso han ido y vuelto en préstamo. Las señales en sus tapas, su lomo y sus páginas atestiguan la intensidad de lo compartido. Si los abre, encuentra, aquí y allá, señales de marcador. Resaltar lo interesante le ayuda a recordarlo, y a repasarlo una vez ha terminado su primera lectura. Además, en siguientes lecturas descubre que lo que un día pasó por alto ahora es capital. Esas marcas en el papel son el indicador de su evolución. Todos los libros de Raimon tienen notas.

La segunda estrategia es escribir en tu libreta de notas resúmenes de lo leído. El papel está siempre dispuesto a escucharte… Haz resúmenes de libros favoritos. Reescríbelo, pero ahora con tus palabras –no las del autor–. Pon la impronta de tu vocabulario y de tu letra, eso es como hacer tuyo el conocimiento. Si sabes explicarlo, entendiste; en caso contrario, no entendiste.

Una de las cosas que más sirven para entender y aplicar el mensaje de los libros de autoayuda es anotar en un papel cierta cita que te haya llamado la atención y el resto de la página dedicarlo a describir cómo vas a aplicar esa idea en tu vida. Este ejercicio te llevará del nivel teórico al nivel práctico.

La tercera estrategia es dibujar un «mapa mental» de cada libro que te haya impactado. Un mapa mental es un esquema visual de las ideas principales del libro. Resume todo el libro en una única hoja, parte del centro de la misma y dibuja flechas hacia las ideas principales. A partir de ellas, dibuja flechas que apunten hacia otras ideas secundarias. Usa pocas palabras, incluye colores y también dibujos o imágenes… Es el mapa del conocimiento.

Hay mucha literatura sobre esta revolucionaria técnica de los mapas mentales, y Tony Buzan –editorial Urano– te cuenta cómo elaborarlos. El mapa mental

70

multiplica por seis la retención que se consigue con las notas tomadas linealmente. Porque el cerebro ama la globalidad. Puedes guardar los mapas mentales de tus libros para revisarlos de vez en cuando y –si eres visual– comprobarás que cuando los repases, recordarás enseguida las ideas básicas.

A modo de resumen, este es el abecé del aprendizaje:

1. Haz anotaciones en el texto
2. Reescribe y resume en tu cuaderno de notas lo leído
3. Haz una mapa mental de cada libro

La combinación cruzada de estas tres estrategias potencia el efecto que tendría cada una de ellas por separado.

En resumen: sugerimos que complementes las anotaciones lineales con mapas mentales, que uses diferentes colores para integrar ambos hemisferios cerebrales, que asocies la teoría con la práctica buscando aplicaciones inmediatas y que hagas resúmenes y los consultes a menudo.

Algo más, los estudios sobre los efectos de la música, sobre todo la barroca, concluyen que favorece el aprendizaje. Aumenta el rendimiento cinco veces más. ¿Por qué no leer con música de fondo de Mozart o Bach?

Cómo mantener el cambio fresco en la mente

¿Te has fijado en que personas muy preparadas obtienen resultados mediocres, mientras que otras con menos conocimientos destacan en sus campos profesionales? Con las calificaciones escolares ocurre lo mismo: no siempre los alumnos con mejores notas han conseguido después más éxito en la vida.

Hay personas que han leído muy poco y son sabias, y las hay que han leído mucho pero nadie lo diría.

¿Cuántos libros de los que has leído has integrado en tu estructura psicológica? Seguro que a ti también te ha pasado esto: lees y olvidas, lees y olvidas... Nos pasa a todos hasta que aprendemos a integrar la lectura en nuestros esquemas mentales. Si lo integras, ya no tienes que memorizarlo porque literalmente «forma parte de ti».

Vayamos a las cifras.

Aprendes el 10% de lo que lees, el 15% de lo que oyes, pero el 80% de lo que experimentas. ¿Te das cuenta de la importancia de experimentar? La vivencia es lo que cuenta. Todos los libros de autoayuda incluyen una parte de práctica, pero no está en el libro, está en tu vida.

Has olvidado gran parte de lo leído porque no has «aprendido a aprender». Por suerte se puede aprender el arte de aprender. Para ello es necesario poner atención. Cuando leas, lee y no hagas otra cosa. No es la memoria lo que falla, sino la concentración.

Hay una gran diferencia entre «conocer» y «tener conocimientos» (del mismo modo que es diferente «pensar» y «tener pensamientos»). Lo primero significa que sabes qué hacer con lo que sabes, y lo segundo que has oído, leído o retenido cierta información pero no haces nada con ella. Comparémoslo con un procesador de información y la memoria de un ordenador. Ambos son componentes de un PC; pero mientras el primero gestiona la información, el segundo solo la almacena. Y tú, ¿procesas o almacenas lecturas?

Conocimiento es incorporar lo que sabes a tu forma de ser.

Puedes mejorar mucho tus resultados al asociar lo que lees con tu vida. El ejemplo es el mejor modo de recordar. Si relacionas la nueva información con situaciones en las que aplicarla, te será más fácil recordar lo que has aprendido. También memorizarás mejor en la medida en que establezcas conexiones entre lo que ya sabes y lo que estás aprendiendo.

Aprender significa realizar nuevas conexiones neuronales. La experiencia inicial deberá reforzarse con nuevas experiencias iguales para que la red neuronal o sinapsis nueva que la sustenta se fortalezca. Una vez abrimos un «camino» neuronal en el cerebro, si no se vuelve a recorrer, en menos de un mes desaparecerá y la información inicial se olvidará. Solución: los nuevos pensamientos y comportamientos deben repetirse para que se consoliden.

Un buen libro de autoayuda es como un libro de texto. Trátalo como tal y estúdialo. Después relee los buenos libros una, dos, tres veces… Eso es estudiarlos.

Pon en práctica lo aprendido de forma consistente

Lo más importante no es la lectura, sino el estado mental que se crea tras la lectura.

Una vez más, la mejor manera de asimilar una información es ponerla en práctica. Y un modo excelente de integrar es practicar en situaciones reales y no filosofar en marcos teóricos.

Tras leer un libro debemos preguntarnos:

- ¿Cuál es la finalidad de esta lectura?
- ¿Qué he aprendido de ella?
- ¿Cómo puedo aplicarlo a mi situación?
- ¿Qué pasos concretos he de dar para poner en práctica las sugerencias?

Un breve relato zen para iluminar este punto:

—Maestro, ¿cómo aplicas el conocimiento a la vida practica?

—Al comer y al dormir.

—Pero, maestro, eso son dos actos insustanciales que todo ser humano lleva acabo.

—¡No todos cuando comen, comen, ni cuando duermen, duermen!

En realidad, casi todos somos conscientes de lo que deberíamos hacer para mejorar, pero pocas personas se comprometen a hacerlo. Las soluciones a nuestros problemas a menudo son tan sencillas que parece que no vayan a funcionar, pero las buenas soluciones suelen ser sencillas.

El que sabe practica cada día. No puntualmente, no cuando se acuerda, no cuando le es sencillo hacerlo, sino siempre, en toda situación. Incluso en las peores circunstancias, que es cuando uno puede comprobar si ha aprendido bien. Quizás aplicarse a realizar cambios le lleve a experimentar cierto malestar físico, mental o emocional. Es parte del proceso, y el malestar pasa o cesa, siempre que concluyas el proceso y no lo pospongas o te detengas en mitad del mismo. Saltárselo sólo aplazará el dolor.

Las personas acuden a los libros de autoayuda cuando las cosas ya han degenerado, con urgencias y con pocos recursos disponibles: en medio de una crisis. Entonces esperan una mejoría rápida, un resultado milagroso. La preparación lo es todo y la improvisación de arreglos rápidos no funciona a largo plazo.

A quienes no consiguen llevar a la práctica lo que están aprendiendo les animamos a que lo intenten una y otra vez; pero de otra forma, hasta que lo consigan. Les pedimos que se pregunten: ¿cuántas personas han conseguido antes que yo lo que quiero alcanzar? Descubrirán que miles, cientos de miles, si no más... Y eso disipará sus dudas.

No siempre se trata de hacer cambios drásticos y repentinos. Los pequeños cambios que se sostienen en el tiempo crean una gran diferencia en una vida. Pequeñas diferencias en el comportamiento crean grandes diferencias en el resultado.

Cuesta lo mismo ser feliz que ser desgraciado. No es una frase ingeniosa, es una realidad. Al principio todo son dudas, todo supone un esfuerzo. En ese punto, el lector de autoayuda cree que siempre será así. Se equivoca: es así al principio; después no. Más adelante, logra integrar las nuevas creencias y los nuevos comportamientos y pasan a ser parte de su persona. Pondremos un ejemplo: un avión invierte la mayor parte de su combustible en despegar. A ocho mil metros, baja el rendimiento de motores y planea sobre las corrientes de aire. Un cohete también consume más combustible al salir de la atmósfera que en el resto de su viaje espacial.

Empezar es una de las partes más difíciles. ¡Y qué importante es hacer lo difícil primero! Sabemos que vencer la pereza del inicio requiere un esfuerzo. Después cuentas con la fuerza del impulso inicial, el hábito, y consigues más con menos esfuerzo.

Los expertos están de acuerdo en que el aprendizaje tiene una fase incómoda y que ésta se halla al principio, justamente cuando te das cuenta de que «sabes que no sabes algo». Pero si cruzas esa etapa de confusión hasta el final, aprenderás. Muchos lectores abandonan sus lecturas porque el material que reciben está tan lejos de su realidad actual que les parece abrumador. Sentirse incómodo forma parte de la evolución personal, y si eres capaz de soportar esta fase, lograrás cambiar, mejorar y mantener esa mejora.

El sorprendente efecto de la lectura intensiva

Lo que sigue es tan increíble que casi nadie lo cree: si una persona estudia una materia durante media hora cada día a lo largo de 7 años acabará por destacar en su tema.

Pongamos ahora que esa misma persona dedica el doble, es decir una hora al día; pues bien, en ese caso, en 4 años se podría convertir en experta en su tema. Dupliquemos el tiempo; ahora va a dedicar dos horas diarias de estudio; en ese caso, en el plazo de 2 ó 3 años esa persona se puede convertir en auténtico líder de opinión en su campo. ¿No es extraordinario?

¿Sabes cuántos libros, de promedio, lee una persona que está haciendo un doctorado? En realidad no suele pasar de los cien libros. Esos cien libros pueden leerse en dos años, a razón de uno por semana. Es un ritmo alcanzable si prescindes de la televisión y otras actividades que suponen una pérdida de tiempo. Todo esto significa que cualquier persona que se empeñe en conseguirlo, puede obtener conocimiento a nivel de doctorado en un plazo de dos años. ¿Te apuntas?

Esto significa que si estudias cualquier cosa con disciplina durante una hora al día, acabarás dominando un área de conocimiento. Hace mucho, cuando Raimon hizo números y se dio cuenta de eso, se impuso un ritmo de lectura de un libro a la semana, cosa que cumple e incluso supera.

Lo que proponemos es hacer cambios deliberados en las rutinas de la vida diaria; por ejemplo, podrías ir al quiosco y comprar revistas que nunca has comprado y que ni siquiera habías pensado en leer. Las personas son esclavas de sus costumbres. Al final acaban pensando siempre lo mismo, haciendo las mismas cosas y leyendo sobre los mismos temas.

Al igual que podemos leer diferentes revistas, podemos también leer periódicos o escuchar emisoras de radio que no solemos sintonizar. La diversidad creará escenarios mentales nuevos que te conducirán a nuevas informaciones y a entender la realidad de nuevas maneras.

Tu estantería sagrada, las aspirinas para el alma

Muchas personas tenemos en casa una serie de libros que han marcado una diferencia en nuestras vidas. Son libros amigos que abrieron nuestras mentes a la luz del conocimiento y las sacaron de la oscuridad de la ignorancia. Son libros de cabecera a los que acudimos regularmente y en los que, cada vez que los miramos, encontramos respuestas diferentes.

Un lector puede tener su «estantería sagrada» en la que guarda los libros de autoayuda, superación personal o espiritualidad que más aprecie. Los títulos que contenga esta estantería seguramente cambiarán dependiendo de la situación y evolución personal del lector. Como hemos visto en capítulos anteriores, hay momentos de la vida en que un determinado libro no te impacta en absoluto y en cambio en otra época te resulta imprescindible.

De la misma manera que tenemos un botiquín en casa con las medicinas que necesitamos, o una despensa con alimentos, podemos dedicar una parte de nuestra biblioteca a los tesoros de conocimiento que más nos gustan: los libros que te llevarías a una isla desierta.

Comprobarás que acudes a tu «estantería sagrada» porque sabes que allí encontrarás los textos que te sanan en apenas unas pocas páginas. Los textos, para ti infalibles, son como tus «aspirinas para el alma». Y como si de un botiquín se tratara, los reúnes en tu «estantería sagrada». Leer unas pocas páginas de cualquiera de ellos suele bastar para mejorar tu estado de ánimo o aumentar tu nivel de energía.

En tu estantería los libros se renuevan: tú cambias y tus necesidades también cambian. Date permiso para soltar lo que ya no te sirve y para dar paso a nuevas ideas. Tal vez algún texto te pareció insuperable en su momento y en tu nuevo nivel de conciencia ahora parece elemental…

El concepto de estantería sagrada no es nuevo. Por ejemplo, Mark Twain tenía el hábito de la diversidad, y como era un gran lector, contaba con una completa «biblioteca sagrada». Albert Paine, que fue su biógrafo, escribió: «A su lado sobre la mesa, en la cama, y en las estanterías de la sala de billar, guardaba los libros que más leía. Todos, o casi todos, tenían anotaciones espontáneas al margen, introducciones a los títulos, o comentarios. Eran los libros que leía una y otra vez; y era raro que no tuvieran nada que decirle a cada nueva lectura».

Una práctica interesante es tomar uno de tus libros de cabecera y abrirlo por una página al azar. Sincrónicamente accederás a lo que más necesitas en cada momento. Pruébalo, no falla. Elige un libro, cierra los ojos y pide mentalmente abrirlo por la página que más pueda ayudarte, y léela.

Cuando un libro ya no te sirva, regálalo a otra persona que pueda necesitarlo. Comparte libros, pero no prestes un libro a menos que no te importe no recuperarlo. Considéralo como un regalo que haces.

Cómo conseguir cambiar tu actitud mediante la lectura

Creer que el mundo y las circunstancias en las que te encuentras determinan tu realidad te convierte en una persona de reacciones y no de elecciones. Ten presente que tu actitud ante la vida es lo que determina tu grado de satisfacción y de éxito.

Cuanto más lees, más te das cuenta que toda actitud o creencia puede sustituirse por otra. Ésa es la premisa básica de los libros de autoayuda.

Lo que sigue puede parecer increíble, pero es cierto: las creencias de una persona pesan más sobre lo que consigue en la vida que los medios que tiene a su disposición, la educación y las oportunidades. Entonces, si la actitud mental es tan importante, ¿cómo es posible que apenas dediquemos tiempo a cuestionar nuestras actitudes y creencias?, ¿cómo podemos descuidar un trabajo interno que puede cambiar el curso de nuestras vidas? Porque la mayor parte de las personas busca el camino fácil y seguro, que sin embargo lleva a una vida mediocre e infeliz.

Las actitudes y creencias son imperceptibles para la mayoría de las personas (los *coach* como Raimon han desarrollado la habilidad de descubrir las creencias de sus clientes). Esto significa que las personas las adquieren a fuerza de costumbre, no por elección propia. Las actitudes y creencias que todavía no has puesto al descubierto son las que suelen causarte todos tus problemas. ¿Cómo podemos asegurar esto? Si supieras que tienes esas creencias –y conocieras sus efectos–, las abandonarías inmediatamente.

La gestión de actitudes y creencias exige dar tres pasos:

- Identificar creencias: descubrir en qué crees.
- Cuestionar tus creencias: darte cuenta de cuáles son tus creencias falsas.
- Cambiar creencias: elegir creencias más válidas para ti.

Los buenos libros de autoayuda te enfrentan a tus limitaciones para después ponerte en contacto con creencias expansivas. Entonces te das cuenta de que el dolor no está en el mundo, o fuera de ti, sino que es producto de tu mentalidad. Hacer visibles las creencias invisibles es el principio de su fin.

Por suerte, tenemos a nuestro alcance el mayor transformador de mentalidades o activador de consciencia: los libros de autoayuda, en los que muchas personas nos vemos reflejadas y gracias a los cuales tomamos las riendas de nuestras actitudes.

Existe, no obstante, un agujero por el que se escapan las buenas intenciones de algunos lectores de libros de autoayuda. Y es éste: tratar de hacer convivir sistemas de creencias y patrones de conducta incompatibles. Desean que su vida cambie sin tener que pagar el peaje de cambiar ellos antes. Un auténtico cortocircuito mental.

La persona que termina de leer un libro de autoayuda no puede aspirar a ser la misma tras la lectura. Tiene que estar dispuesta a cambiar profundamente, y dejar de ser quien era para adquirir una mentalidad y una forma de ser renovada.

Diseñar un entorno favorable que apoye el cambio

Imagina que has leído, por ejemplo, un libro sobre relajación y paz mental. Pero ahora, al cerrar el libro, te enfrentas a una casa desordenada, unos vecinos ruidosos, una mascota consentida y unos hijos en plena adolescencia; por no hablar de la «cueva» donde trabajas y los «trogloditas» que trabajan allí... ¿Cómo mantener esa paz interior que tanto te has trabajado a solas si cuando sales fuera parece que todo está en contra?

A pesar de que el cambio interior es el único cambio duradero y que afecta directamente a tu realidad, también es cierto que para mantener ese cambio es posible adoptar varias medidas externas.

Busca aliados: personas, sistemas, rutinas, hábitos o entornos que hagan inevitable que tengas éxito a la hora de poner en práctica lo que aprendiste en los libros. Elige las personas con las que te relacionas; tú tienes mucho en común con tu familia, tus amistades, tus compañeros... y viceversa.

El entorno es tanto un lugar físico –ciudad, casa, despacho– como una relación –socio, compañero, amistad, pareja–, o un sistema –tecnología, estilo de vida, modo de trabajo–, o un hábito –cuidado físico, nutrición del cuerpo y de la mente.

Tu relación con tu entorno es de sinergia –es decir, os incluís, mutuamente–. «Tal como está tu entorno, estás tú» es uno de los principios básicos del milenario arte del Feng Shui. En otras palabras, ordena tu entorno y habrás ordenado también tu mente y emociones. La idea es que diseñes un entorno que te inspire y que haga fácil llevar a cabo tus decisiones de cambio interior y mejoría personal. Si diseñas bien tu entorno, terminarás por ser un reflejo del mismo y todo será más sencillo, porque entrarás en el círculo virtuoso en lugar del círculo vicioso.

A la vez que cambias por dentro, si te apoyas en tu entorno, necesitarás ejercer una menor fuerza de voluntad. En un medio que colabora con tu evolución todo es más sencillo.

Lo que te proponemos es que diseñes tus entornos: familiar, laboral, material y social, para que saquen a relucir lo mejor que hay en ti.

Un entorno diseñado para el éxito personal o profesional es aquel en el que delegas esfuerzos, que te inspira, te conduce a la acción, te motiva, te apoya, facilita las cosas y es alentador. Un entorno mal diseñado, en cambio, es un obstáculo continuo que opone resistencias y lo complica todo.

¿Cómo convertir tus entornos en tus aliados?

- Elige solo aquello que está por encima de lo que consideras aceptable y es coherente con tus valores y metas.

- Por ejemplo, si ciertas actividades agotan tu energía vital, no participes en ellas.
- Si ciertas amistades te quitan energía, no las frecuentes.
- Si tu actividad cultural no te inspira, reenfócala.
- Si un lugar te abruma, cámbialo o evítalo.
- Si la ciudad te deja sin energía, múdate a otra comunidad. Nadie debería aceptar lo inaceptable.

Examina cuidadosamente estas áreas de tu vida:

- **Social**: familia, pareja, amigos, compañeros, organizaciones.
- **Mental**: formación, paradigmas, creencias.
- **Ambiental**: hogar, lugar de trabajo, comunidad.
- **Corporal**: alimentación, medio-ambiente, ejercicio.
- **Personal**: propósito, valores, legado.
- **Espiritual**: desarrollo interior, paz interior, conexión interior.

Tres preguntas de comprobación acerca de cada una de las áreas de la vida:

1. ¿Saca a relucir lo mejor de ti?
2. ¿Es un apoyo o una oposición?
3. ¿Te refuerza o te debilita?

Ahora imagina qué te ayudaría a ser la mejor persona que puedes ser y a llevar la vida que deseas. Tres preguntas que te ayudarán a elegir:

1. ¿Qué es lo que no quieres?
2. ¿Qué es lo que sí quieres?
3. ¿Con qué elección te comprometes?

Decide qué es aceptable y qué no lo es a partir de este momento y para siempre en tu vida. No elijas nunca aquello en lo que no creas o que no ames. No temas quedarte con las manos vacías, el universo detesta el vacío... Si te deshaces de lo que no te hace crecer, atraerás cosas que te ayudarán a tu desarrollo personal. Aunque no lo parezca, te estás liberando de lo que ya no te sirve; y a la vez, le abres la puerta a lo que te permitirá hacer grandes cambios en tu vida.

En resumen:

- Si frecuentas gente motivada, te sentirás motivado.
- Si estás en contacto con ideas positivas, te será sencillo ser positivo.
- Si te rodeas de serenidad y belleza, tu vida será serena y bella.
- Como esté tu entorno estarás tú. Elige cuidadosamente tus entornos y conviértelos en tus aliados.

5
Graba, escucha, escribe...
para sacar el mayor partido

Escuchar y leer un libro a la vez (los audiolibros y los libros grabados por uno mismo)

Todo el mundo debería dedicar algo de tiempo cada día a leer. Sin embargo, debido a las innumerables obligaciones, a menos que se opte por la lectura como una prioridad, suele destinarse poco tiempo a leer.

En cambio, cada vez pasamos más tiempo conduciendo de un lugar a otro, o en el transporte público, de casa al trabajo y del trabajo a casa. Si pasamos varias horas diarias al volante, o en el tren, éste es un tiempo que bien podríamos emplear en escuchar audiolibros, grabados en CD o bien en un reproductor de MP3.

Aunque no siempre seamos conscientes de ello, solemos pasar gran parte de nuestro tiempo rumiando sobre nuestros problemas. En cambio, mientras nos concentramos en escuchar un audiolibro que nos inspire, ya no malgastamos ese tiempo en diálogos mentales irrelevantes.

¿Te gustaría escuchar tus libros preferidos en cualquier parte? Si de verdad deseas experimentar algo nuevo, te aseguramos que después de probarlo dirás que sí.

Si eres una persona ocupada, y no lo dudamos, en tu día reconocerás momentos en los que se requiere sólo parte de tu atención y que puedes aprovechar para aprender mediante un audiolibro. Por ejemplo:

- en cualquier transporte público;
- mientras conduces tu automóvil;
- durante una espera;
- en una cola;
- mientras limpias tu casa;
- haciendo la compra en el súper;
- en tus paseos;
- durante un viaje en avión;
- en el gimnasio;
- a la hora del café o el almuerzo;
- por la noche antes de dormir.

Hay muchas oportunidades durante el día para sacar partido a tu valioso tiempo y escuchar tus libros preferidos.

Nosotros hemos convertido nuestros respectivos automóviles en «universidades ambulantes». Coleccionamos CD motivacionales o audiolibros. Muchas veces compramos las dos versiones: en papel y en audio, si está disponible.

Por suerte, en nuestro país cada vez se editan más audiolibros. Es un fenómeno que va en aumento. En muchas librerías se dedica una sección a los «libros que se escuchan». Es cuestión de tiempo que cada vez más títulos estén disponibles. Raimon ha editado varios audiolibros propios sobre diferentes temas de autoayuda.

Los audiolibros son buenos compañeros en viajes por carretera y también en los desplazamientos dentro de la ciudad, sobre todo en los atascos. Es la solución a la sensación de estar perdiendo el tiempo o al mal humor cuando el viaje se alarga más de lo previsto.

Desperdiciamos muchísimo tiempo en actividades automáticas que podrían aprovecharse para aprender utilizando un equipo de audio o de MP3. Incluso tu teléfono móvil tal vez dispone de reproducción en audio y almacenamiento de archivos MP3. ¿Te gustaría llevar en tu teléfono móvil a tus autores preferidos para poder escucharlos cuando lo desees?

Hoy día, en las tiendas virtuales como *Amazon* e *iTunes* puedes adquirir infinidad de audiolibros clasificados por temas y autores, unos en inglés, otros en castellano. Encontrarás muchas opciones en el ámbito de la autoayuda y espiritualidad.

Hemos comprobado que escuchar un libro aumenta su retención. Cuando aprendes la letra de una canción, ¿no ocurre de un modo natural y sin esfuerzo? Escuchar activa la memoria auditiva con un mínimo de esfuerzo de atención.

Como acabarás escuchándolos varias veces, comprobarás cómo la repetición te revelará, en siguientes audiciones, algún detalle al que no prestaste atención antes. Y si además estás leyendo el libro tradicional, el resultado será aún mejor.

Si tienes un libro motivacional favorito o que aborda un tema que te interesa conocer, la mejor práctica es alternar la lectura tradicional con escuchar la versión en audio. Y si no existe tal versión, entonces puedes grabar tú mismo el libro completo (leerlo en voz alta te ayudará a reforzar aún más el mensaje), o sólo las partes que te interesen.

Algo que nos ayuda a mantener la calma en momentos de estrés, así como tener una actitud positiva y fuerte en momentos de adversidad, es escuchar una y otra vez un mismo audiolibro. Uno de ellos es *El Poder del Ahora*, de Eckhart Tolle. Cuando Lorraine atraviesa una época particularmente compleja o repleta de retos, escuchar sus mensajes positivos la protege contra cualquier atisbo de negatividad. Raimon suele escuchar cualquier audio de Deepak Chopra y en unos minutos se siente inspirado.

Como lectores habituales de libros de superación personal, sabemos que los acontecimientos de la vida no son buenos o malos, salvo en nuestra mente. Como dijo Spinoza: «Los pensamientos pesimistas nos dejan sin energía, agotados, y los pensamientos optimistas nos dan la fuerza necesaria para seguir adelante, pese a todo».

Cuando escuchamos mensajes positivos, su efecto es gradual y va calando en nuestro interior, hasta que un día conseguimos tenerlo siempre presente y logramos generar optimismo sin necesidad de recurrir al audiolibro.

Los atletas tienen un entrenador que les infunde ánimos, lo cual sube su autoestima y aumenta su nivel de energía física, mental y emocional. Los audiolibros son el sustituto del entrenador personal y están al alcance de cualquiera que desee beneficiarse de ellos.

El mayor obstáculo del audiolibro podría ser la voz del locutor, que en ocasiones es el propio autor y en otras un profesional, cuya dicción debería ser excelente. Si no te gusta la voz, o incluso te irrita, eso interferirá con tu actitud al escuchar el libro. En tal caso, lo mejor es que hagas tu propia versión grabada del mismo. O puedes optar por trascender la forma, y fijarte nada más en el mensaje o contenido.

El libro escuchado nos recuerda y refuerza los mensajes que leemos en los libros tradicionales. El audiolibro tiene el poder de convertir momentos perdidos en momentos fructíferos.

El *podcasting* es otro fenómeno actual. Existe la posibilidad de suscribirte a ese servicio para que tu ordenador descargue archivos de sonido automáticamente. En este sentido *iTunes* es muy eficiente. Suscríbete a los servicios de *podcast* y disfrútalos en el momento en que tú decidas.

Los servicios de *podcasting* son una atención de algunas webs a sus visitantes. Hoy muchas webs tiene sus propios *podcast* o grabaciones en audio para bajarlos directamente desde Internet a tu ordenador o reproductor de MP3, ya sea pagando o gratuitamente. Muchas emisoras de radio también te permiten bajar tu programa preferido gratuitamente a tu ordenador o reproductor de MP3 para que puedas escucharlo cuando dispongas de tiempo.

Ya no es preciso que te adaptes a los horarios de la radio para no escuchar tus programas favoritos: puedes escucharlos cuando puedas y las veces que quieras.

Recomendamos que nunca uses microauriculares conduciendo, montando en bicicleta o al cruzar una calle. En estas situaciones –o en cualquiera en que exista el más mínimo riesgo– es mejor estar plenamente atento al entorno.

Escribir una guía de superación personal a la carta, resumiendo varios libros

A menudo, las relecturas de los libros de autoayuda son más fructíferas que la primera lectura. Dependiendo de nuestro ánimo, nuestras circunstancias y muchos otros factores, cada vez que leemos un libro, nos fijamos en mensajes distintos. Raimon, por ejemplo, cuando relee libros, usa marcadores de distinto color y comprueba que cada vez obtiene diferentes enseñanzas.

Aquellos mensajes que siempre captan nuestra atención son los que más necesitamos escuchar. Igual ocurre con los que nos producen rechazo inicial. Generalmente, cuando alguien nos hace una crítica o nos dice algo que nos duele o nos afecta, es porque tiene algo de cierto y toca un punto de sensibilidad. Lo mismo ocurre con los libros de autoayuda. Cuando leemos algo que nos molesta o nos irrita, puede muy bien ser porque es algo que deberíamos enfrentar. Es el momento de hacer balance y preguntarse por qué.

Para sacarle partido a las lecturas, lo mejor es hacer nuestro propio libro de autoayuda a la carta, basado en las lecturas que más nos han gustado.

Como la relectura frecuente es vital para mantener fresca en la mente la enseñanza de un libro, un buen método es el siguiente:

- Copia o resume en un cuadernillo los párrafos o frases que te impacten más de cada libro que leas y llévalo contigo donde vayas.
- Escribe los mensajes o ideas más relevantes en fichas tamaño tarjeta de visita y llévalas en el bolso o la billetera para leerlos a menudo, y cambia de fichas con regularidad.
- Abre un fichero en el que archives por tema las lecturas que más te impactan. Por ejemplo, podrías abrir un archivo titulado: «Hablar en público» y guardar en él artículos y resúmenes de libros sobre ese tema. O por ejemplo: «Potenciar la creatividad», donde archivarías cualquier frase, foto o artículo que te inspire al respecto.
- En un cuaderno o una carpeta, escribe títulos de temas o de aspectos de tu vida que te gustaría mejorar. Una se podría titular «Relaciones», otra «Trabajo», o «Actitud positiva», por ejemplo. Bajo cada epígrafe, ve anotando las ideas que más te han impactado de cada libro que leas. Finalmente tendrás tu propio libro de autoayuda, a la carta. Raimon escribió su primer libro usando este método.
- Haz tus anotaciones en un procesador de textos en tu PC. Seguidamente, ve a un servicio de impresión

tipo: www.lulu.com, o bien a su homónima española www.bubok.com. Sube tu manuscrito y pide que te manden una copia impresa para ti. El precio es muy económico y tener encuadernadas las ideas que a ti te sirven es muy práctico.

Hoy cualquiera puede publicar su propio libro sin ninguna inversión previa o tirada determinada. Tampoco hay que hacer un pedido mínimo. En Bubok, subes tu manuscrito, haces tu pedido y recibes un ejemplar de tu libro en tu casa al precio de venta que tú fijes; y además, puedes vender *on line* tu libro para que puedan leerlo otras personas. Como autor puedes elegir el diseño, establecer el precio y recibir luego un porcentaje de la venta de cada ejemplar. No se trata tanto de la posibilidad de hacer negocio con tu libro, sino de tener tantos ejemplares como desees para ti o para regalar y de difundir en Internet un mensaje del que se podrían beneficiar otras personas.

Grabar un audiolibro de uso personal

Hay muchos modos de hacer grabaciones hoy día. Una grabadora digital o tu ordenador personal te pueden servir para hacer tu propio audiolibro.

Es un proceso de tres pasos que te ayudará a reforzar aún más los mensajes que necesitas interiorizar:

- Primero, lee el libro de autoayuda y subraya aquello que más te interesa.

- Segundo, graba los párrafos que subrayaste.
- Tercero, escucha la grabación las veces que quieras.

También existen sitios en Internet que ofrecen programas que convierten cualquier texto escrito a una versión en audio. Lo único que tienes que hacer es teclear, usar el programa y luego escuchar la versión hablada.

www.nextup.com/TextAloud/audio-books.html

Si vas a hacer una grabación profesional para compartir y puedes invertir algún dinero en ello, existe una web; www.vocesenlared.com, que recibirá tu texto *on line* y te lo grabará en sólo dos días, en estudio, y con la voz que tú elijas de una lista de locutores profesionales (masculinos y femeninos). Pagarás y te enviarán la grabación via *e-mail*. Todo a través de Internet. Otros sitios web te permiten no sólo hacer tu propio audiolibro, sino también difundirlo por la red. Tú decides si quieres hacerlo sólo para ti o compartirlo con más personas.

Sitios que te permiten grabar y luego difundir tu audiolibro:

- http://e-library.net/Audio-book-publishing-Create-and-make-your-own-audio-books__ebooks9806.htm
- http://www.audiobooksfactory.com/

Si vas a leerlo tú mismo, lo mejor es hacerlo sin interrupciones y con tranquilidad. No es preciso que vayas a un estudio de sonido, pero sí que, cuando grabes, leas el texto con convencimiento y con buena dicción. Si no te sientes preparado para hacerlo tú, pídeselo a un amigo que tenga buena voz y que lea con claridad.

El diario personal como testigo del cambio interno

Durante la mayor parte de la vida, Lorraine ha escrito un diario. No siempre ha escrito todos los días; ni tan siquiera todas las semanas o todos los meses. Desde que es madre, puede transcurrir incluso un año o más entre cada entrada.

Conserva todos los cuadernos en los que ha ido anotando sus vivencias, aunque en ocasiones se ha visto tentada de deshacerse de ellos. Ella los escribe a mano, pero cualquiera puede llevar un diario en el ordenador. Escribir a mano tiene la ventaja de no perder la práctica de empuñar un bolígrafo, lápiz o pluma; y la otra es que escribiendo a mano, tu propia letra (más deslavazada, inclinada, más grande o más pequeña) dice mucho acerca de tu estado de ánimo en el momento de escribir.

Raimon lleva un diario de sincronicidades. Un registro donde anota todos los hechos «casuales» que han marcado diferencias en su vida. Y con la perspectiva del tiempo, lo relee y puede obtener una visión del conjunto y comprender su proceso personal. En algunos momentos de su vida ha escrito también un diario de sueños nocturnos con sus interpretaciones.

La memoria es arbitraria, pero el diario es un testimonio de cómo fueron las cosas realmente, quiénes éramos en un momento determinado de la vida y cómo pensábamos.

Lorraine cuenta que a menudo se ha encontrado fantaseando con un momento pasado de su vida, y luego, al releer cómo se sentía entonces, dejó de idealizar esa época. El diario, en ese sentido, es como las fotografías: podemos tener una determinada imagen mental de cómo éramos, pero cuando miras una foto de una época anterior, la imagen que ves suele ser muy diferente de la que recuerdas.

Por otro lado, la ventaja de escribir tus miedos, tus inquietudes, tus reflexiones, tus sueños y anhelos, es que puedes releerlo y comprobar cómo vas progresando. Verás que algunas de las cosas que te preocupaban nunca se materializaron, o cómo metas que te trazaste se van cumpliendo.

Es motivador comprobar sobre el papel cómo se superaron determinados temores o conflictos. Cuando Lorraine lee diarios que escribió hace veinte años, literalmente, tiene la impresión de estar leyendo algo escrito por *otra persona*. Y es que realmente, *era* otra persona. El diario es la prueba de cómo se ha evolucionado.

Raimon aprecia tanto la escritura de las emociones para conseguir autocomprensión que ha diseñado un curso *on-line* de *Escritura Emocional*, disponible en su web, en que el diario personal es una de las herramientas de trabajo principales.

Un diario debería ser íntimo y escrito con la seguridad de que nadie más que uno mismo va a leerlo. No es el momento de censuras, sino de dejar que fluya cualquier cosa que queramos expresar. Un diario no ha de ser sólo un registro de hechos ocurridos durante un día; sobre todo se compone de sensaciones, preguntas e inquietudes a las que el tiempo y la experiencia suelen ofrecer una respuesta. Si quieres tener un registro de tu evolución personal, no lo dudes: lleva un diario, por ocasionales que sean las anotaciones que hagas en él.

El *ebook* o libro electrónico

¿Qué es un *ebook*? Es un libro en formato electrónico. Un *ebook* de autoayuda, al igual que el libro tradicional, debe impactar positivamente en tu vida y mejorarla en algún aspecto. Y ¿por qué las personas compran libros electrónicos? Por las ventajas de su formato y de distribución.

En estos momentos existen en Internet infinidad de tiendas de *ebooks* que cubren cualquier tema que puedas imaginar. Todo lo que te interesa y prácticamente cualquier respuesta que busques está puesta por escrito en algún lugar, y todo lo que tienes que hacer es localizarla.

Los libros electrónicos suelen estar en formato Adobe PDF, aunque a veces también se facilita en formato Word. Abundan bajo el modelo: «¿Cómo lo hice?» y la razón es muy sencilla: es la clase de información práctica que resuelve problemas al lector.

Las ventajas del formato electrónico son varias, pero la primera es que puedes hacerte con él de inmediato, desde tu casa, con tu ordenador, al igual que los audiolibros, que también se pueden descargar desde Internet.

Un *ebook* puedes bajarlo de Internet a tu PC en unos segundos. Pero además, puedes traspasar esa información a tu agenda electrónica o PDA y beneficiarte de la portabilidad de tus *ebooks* para poder consultarlos en todas partes y en cualquier momento.

Alguien puede preguntarse para qué pagar por información en Internet. Lo primero que debe saber es que no toda la información gratuita que hay en la red es cierta, está contrastada y es útil. Algunos autores reconocidos ofrecen *ebooks* y su firma es una garantía de que el contenido cubrirá las necesidades del lector. Además, un libro electrónico tiene un precio más económico, comparado con otro soporte.

Es mejor pagar por una información eficaz, organizada, fiable y lógica en formato *ebook* que perder el tiempo navegando en Internet. Pagamos por evitarnos horas y horas de investigación sobre un tema.

Los detractores del *ebook* señalan que es mejor tener un libro encuadernado que uno electrónico. Nosotros discrepamos. Cada vez valoramos más la portabilidad y el ahorro de espacio. Además siempre se puede imprimir el *ebook* y encuadernarlo a un coste bajo.

Las ventajas del contenido son diversas según sea el tema del *ebook* de autoayuda, pero básicamente las personas buscan en el *ebook:*

1. Respuestas a sus preguntas.
2. Soluciones a sus problemas.
3. Ahorrar: tiempo, dinero, esfuerzo y errores.
4. Ganar: tiempo, dinero, calidad de vida, satisfacción.

Un *ebook* de autoayuda ofrece conocimiento práctico y útil, listo para aplicarse.

La causa del sufrimiento y uno de los mayores problemas del mundo es la ignorancia. Y un libro es conocimiento y el elixir contra la ignorancia.

Y ¿qué no es un *ebook*? Como en todo, hay buen uso y mal uso. En algunas ocasiones se ofrecen *ebooks* de una sola página en formato HTLM con escasa información y que no son más que gloriosas cartas de ventas con el *link* a una web donde cerrar una propuesta comercial. Eso no es un *ebook,* aunque se le llame así. Examina siempre lo que vas a adquirir y asegúrate de que te ampara una política de devolución si no se cumplen las expectativas.

He aquí algunas de las tiendas *on line*, aunque no todas, para adquirir buenos *ebooks* –en inglés– y con un sistema de pago fiable:

- www.1stbooks.com
- www.ebooksonthe.net
- www.ebookad.com
- www.amazon.com

Amazon, por ejemplo, dedica toda una sección a los *ebooks* o versiones electrónicas de su extensa librería, e incluso proporciona un dispositivo lector de los mismos, el *Kindle.* Visítalas y busca aquellos libros que no encontrarás en las librerías.

6
Vive...
como experiencia educativa y curativa

Los seminarios de autoayuda

En Estados Unidos se imparten un promedio de 40.000 seminarios al día. Sin duda, es el paraíso de la autoformación. En otros muchos países, en cambio, el promedio de ciudadanos delega esa responsabilidad a la formación tradicional y reglada.

El mundo cambia muy deprisa y lo que aprendiste hace unos años tal vez ya no sirva hoy. Lo que no te enseñaron, o lo aprendes tú por tu cuenta, o nadie lo hará por ti.

Nosotros somos partidarios de la autoformación. Creemos que la más grande responsabilidad de una persona es desarrollarse como ser humano y en este sentido, su vida es un proceso de aprendizaje continuo.

La persona promedio vive como si ya supiese todo lo que hay que saber. A muchos les molesta reconocer sus áreas de incompetencia –por orgullo o por un exceso de ego– y no están dispuestos a reconocer que todos somos ignorantes en muchos aspectos. Otros prefieren gastar en cosas superfluas que sólo proporcionan una gratificación pasajera antes que invertir en su bienestar futuro mediante cursos.

Los buenos seminarios son una oportunidad para corregir las carencias del sistema educativo clásico, que son muchas, y para mantenerse al día del conocimiento en diversos frentes. La autoayuda no es una excepción. Creemos que los seminarios de autoayuda son esa clase de inversión en uno mismo que debería anteponerse a infinidad de gastos superfluos con los que la persona promedio drena sus opciones de mejorar su vida.

¿Significa que valen la pena todos los seminarios que se organizan? Por supuesto que no. Pero por suerte el mercado madura y aprende a discriminar entre profesionales y aficionados. Hay seminarios que deberían estar subvencionados por el Estado y ser de asistencia obligatoria para todos; y otros en cambio que sólo se pueden calificar de inútiles. Con esto pasa como con todo. El único modo que tenemos de discriminar, y aun así hay sorpresas, es evaluar la profesionalidad del ponente, su trayectoria, la credibilidad que transmite, sus logros visibles y contrastables y sus resultados.

Como dijo Benjamin Franklin: «Si crees que la formación es cara, prueba con la ignorancia».

Biblioterapia

¿Sabes lo que es la biblioterapia? Quizá hayas escuchado hablar de ello bajo otros títulos: biblioconsejo, bibliopsicología, biblioeducación, biblioguía…

Consiste en la interacción entre un terapeuta y su cliente basada en compartir literatura enfocada sobre un tema específico. Es la solución de problemas personales a través de la lectura. El género usado puede ser tanto ensayo como narrativa y se extiende incluso al cine, mediante la cineterapia.

Pregunta a tus conocidos y encontrarás ejemplos de libros que han cambiado literalmente vidas. Unos cambian tus puntos de vista, otros te ayudan a comprenderte, y la mayoría te proponen recursos para el cambio y la mejora.

La biblioterapia se basa en la lectura de libros bajo «receta». Es infrecuente cubrir el tratamiento completo con un único libro de autoayuda; aunque no es imposible, lo normal es usar varios.

Muchos terapeutas e incluso *coaches* –entre los que se encuentra Raimon– asignan a sus clientes tareas de lectura y visionado de películas como parte de su terapia.

Las historias de ficción son especialmente útiles para ayudar al lector a disociarse de sí mismo al poder identificar en un personaje de ficción sus mismas dificultades. Contemplar los problemas de otro siempre es menos doloroso –pero igualmente instructivo– que referirse a los propios. El lector se descubre a sí mismo en uno o varios personajes de la novela. Las vidas ajenas, aun si son de ficción, actúan como un espejo, como un altavoz, como una pantalla de proyección... Las novelas de autoayuda contienen las metáforas y los patrones arquetípicos que revelan todo el poder de las alegorías.

El mejor libro es aquel que llega en el momento adecuado. Es el libro que responde a tus preguntas del momento, de acuerdo con tus retos y desafíos actuales. A su vez da pie a la lectura de otros libros. Puedes «autorrecetarte» lecturas preguntándote: ¿qué es lo que necesito resolver ahora? y seleccionar tus libros en consecuencia. O déjate llevar por la intuición a la hora de seleccionar tu texto terapéutico.

Tres beneficios inmediatos de la biblioterapia:

1. Te ayuda a comprenderte
2. Te ayuda a descubrir quién eres
3. Te ayuda a identificarte con otras personas

Veámoslos uno por uno:

1) Comprendes lo que antes era incomprensible.

Un libro te plantea asuntos que tal vez no te habrías planteado sin su lectura. A veces, un libro propone preguntas y te obliga a pensar. Evidencia situaciones que antes ignorabas. Muchas veces comprender es más que suficiente, porque es el inicio de un cambio a mejor. A menudo, las personas no saben siquiera que necesitan un cambio, hasta que leen un libro con el que se identifican.

2) Descubres quién eres en realidad.

Un libro te revela algo que ya estaba dentro de ti: tu fuerza interna, o bien destapa tus cualidades ocultas. Activa recursos inconscientes u olvidados y los pone al descubierto. Un libro además te ayuda a expresar algo que no sabías cómo poner en palabras. Y al verlo escrito, entiendes y te sientes identificado: el libro habla de ti.

3) Te identificas con personas que viven experiencias parecidas.

Muchos otros han padecido tu mismo problema. Existe una receta para eso. Asemejarse, hermanarse e igualarse a otros seres humanos confiere el poder del grupo. Esa revelación hace que uno sienta que ahora puede aprender de otros para encontrar las soluciones que busca. El objetivo no es el consuelo mutuo, sino descubrir que no somos tan diferentes unos de otros y que otras personas pasaron y pasan por esas mismas dificultades, ¡y las han vencido!

7
Comparte...

con otras personas afines

Círculos de estudio de libros de autoayuda

Comparte el conocimiento con personas afines.

Imagina reunirte con personas con las que coincides en los mismos intereses y con las que puedes intercambiar recursos e ideas. Se trata de un grupo de personas automotivadas y receptivas que comparten el estudio de una lectura. Puede ser un libro; o pueden ser varios, uno tras otro (hay grupos centrados en el estudio de un único libro y otros están abiertos al estudio de diferentes libros que los miembros proponen).

El principio es el siguiente: si lo sabes explicar es que entendiste bien. El hecho de ser capaz de transmitir una idea a otra persona es la prueba de que lo entendiste correctamente.

A veces, resulta más fácil avanzar en equipo que a solas. Si dos mentes multiplican lo que conseguirían por separado, imagina seis en un grupo enfocado. Ahora la autoayuda se convierte en ayuda mutua. Esto lo explica muy bien Napoleón Hill en su libro, ya clásico, *Piense y hágase rico*.

Leer y comentar un libro de autoayuda en grupo sirve para que los miembros del grupo unan sus mentes para expandirlas. Reunirse con otros lectores ayuda a intercambiar diferentes puntos de vista y formas de abordar la información del libro.

El poder de las sinergias está más que probado. La siguiente cita de Napoleón Hill lo condensa poderosamente: «Cuando dos o más personas se coordinan en un espíritu de armonía y trabajan en busca de un objetivo definido, con su alianza se ponen en posición de absorber energía directamente del gran almacén de la inteligencia infinita».

Aunque son reuniones informales, sin obligaciones, hay que fomentar que todo el mundo participe. Es aconsejable que haya un moderador que reparta los tiempos; aunque también hay grupos que espontáneamente se auto moderan. Sugerimos que la duración sea de entre una y dos horas. En cada reunión se proponen y se eligen las siguientes lecturas, que el grupo deberá aprobar mediante votación mayoritaria.

En la reunión del grupo se puede acordar una de las siguientes opciones para realizar en casa:

- Leer un libro de autoayuda de principio a fin.
- Leer determinados capítulos de un libro de autoayuda.
- Repartir la lectura de los diferentes capítulos de un libro entre los asistentes.

Al final de la sesión, se fija una fecha para la siguiente cita, en la que se comentará lo que cada uno ha leído. Los participantes del grupo de estudio no solo leerán el texto, sino que prepararán notas para exponer los puntos que deseen resaltar. En las discusiones del grupo es bueno poner ejemplos personales que ilustren cómo se pudo aplicar el concepto del libro y que inspiren a otros a pensar cómo pueden ellos aplicarlo a su vez en sus vidas.

Las reuniones deben organizarse con regularidad, siempre dando tiempo suficiente para leer y preparar el material asignado. Se puede hacer en casa de cualquiera de los participantes –o bien establecer un orden de rotación– o incluso en una cafetería con un ambiente tranquilo.

No hay reglas fijas, pero se nos ocurren varias formas de organizarlos. Seis participantes es un buen número, porque con menos personas no es tan dinámico y con más no hay tiempo suficiente para que todo el mundo participe.

Si decides formar un grupo de estudio sobre un determinado libro o libros de superación personal, aquí tienes siete pautas que te van a ayudar:

1. Determinar cual será el propósito del grupo. En la primera reunión se debería establecer el objetivo común. Puede tratarse de algo tan sencillo como reunirse para comentar lo que cada uno ha leído, leer un capítulo y comentarlo en la reunión, o algo más complejo.

2. Establecer el papel que desempeñará cada persona. Es aconsejable que haya un moderador en cada reunión, que no tiene por qué ser siempre la misma persona. Es útil determinar las pautas de participación. Y establecer algunas reglas sencillas, como no interrumpir cuando habla una persona, limitar los tiempos de intervención, elegir un tema por semana...

3. Planificar un calendario de eventos. El moderador y el grupo deberían establecer en la primera reunión qué capítulos o temas abordarán en futuras reuniones. Elegirán dónde se reunirán la próxima vez.

4. La hora de inicio y de término debería ser siempre la misma y la puntualidad un requisito imprescindible. Esto facilita que los participantes lo tomen en serio y que no abandonen por falta de interés.

5. Se pueden establecer «tareas», que consisten en aplicar diariamente lo que se ha aprendido durante la lectura y comentar los resultados en la siguiente reunión.

6. No es preciso controlar la asistencia de los participantes. Asistir es voluntario y libre. Sin embargo, a la hora de formar un grupo de autoayuda, es siempre aconsejable que cada miembro se comprometa consigo mismo a asistir con regularidad.

7. Los grupos de estudio de un libro de autoayuda no tienen por qué tener una fecha de inicio y de fin. No se trata de un curso en el que recibes un diploma, sino de un proceso de aprendizaje que no termina nunca.

A un nivel más general, existen clubes de lectura que se aplican a comentar libros de narrativa y que funcionan muy bien. El concepto no es nuevo, y aplicarlo a los libros de autoayuda, tampoco. Ahora ya puedes organizar tu propio grupo de lectura.

Experiencias de los autores: por qué escribimos libros de autoayuda

Lorraine C. Ladish

Escribo desde niña, y mi padre y mi abuelo son escritores. No concibo la vida sin escribir.

Cuando publiqué mi primer libro en 1993, no me planteé ser autora de libros de autoayuda. El primer libro que compré que fuera propiamente de autoayuda fue *Tus zonas erróneas*, de Wayne Dyer, cuando yo tenía 17 años. Lo leí porque padecía una depresión y un trastorno alimentario, aunque en esos momentos no sabía exactamente qué me pasaba. Me pareció que todo lo que decía ese libro era de mucho sentido común y procuré ponerlo en práctica.

A ese título siguieron muchos otros, hasta el día de hoy. He leído cientos de libros de autoayuda –y muchos más de otros géneros, por supuesto– a lo largo de mi vida.

He descubierto que ninguno es una cura relámpago, pero también he aprendido que la mayoría me han ayudado a reconocer defectos personales y a superar muchos retos de la vida. El miedo a lo desconocido es parte de la naturaleza humana. Me gusta informarme acerca de aquello que me concierne, me preocupa o me interesa y así es como me armo de las herramientas necesarias para afrontar casi cualquier vicisitud o situación nueva.

Yo contaba con la ventaja de ser bicultural: mi madre es americana y mi padre español, y al poder viajar entre los dos países desde niña, no me era ajeno el concepto de «autoayuda». Cuando en España estaba todavía estigmatizado, ya había sacado provecho de muchas lecturas de superación personal, que compraba en Estados Unidos.

Mi primer libro publicado, *Me siento gorda* trató de mi historia personal para superar la bulimia, que escribí porque en España no encontré entonces un libro que no fuera técnico acerca de este trastorno alimentario. El resultado fue abrumador: un apartado de correos que alquilé se llenó de cartas de lectoras (entonces Internet no era de uso común) y yo respondía cada carta personalmente. Pronto se me hizo imposible responderlas una a una debido a la cantidad de mensajes que recibía. Ese libro se sigue reeditando.

Mis dos libros siguientes, *Cuerpo de mujer* y *Belleza interior*, también abordaron el tema de la autoimagen de la mujer, a petición de la editorial. Yo quería escribir cuentos o novelas, pero me pedían que siguiera en la misma línea.

Dieciséis años y quince libros más tarde, soy autora de novelas publicadas (*El Buzón de voz* y *Maldito Autor*) y otras inéditas, de relatos breves, y de otros libros de ensayo. Hubo un momento en que me planteé no seguir escribiendo libros de superación personal, pero esa duda me duró relativamente poco tiempo.

Quienes han leído mis novelas o relatos comprobarán que no contienen mensajes de autoayuda. Cuando escribo ficción, es algo más artístico y personal, y al mismo tiempo más difícil. Es como pintar un cuadro. Si lo que escribo entretiene a alguien, estupendo, y si no, no pasa nada. Para mí escribir y publicar tiene sentido simplemente por cuánto disfruto durante el proceso de escritura. Tengo obras de ficción inéditas y no sufro por ello. Algunas me sirvieron para mejorar mi estilo al escribir y otras para descubrir quién soy. Otras simplemente fueron un ejercicio literario o un desahogo. Algunas de ellas nunca se publicarán, porque no lo merecen, y otras quizá sí, cuando llegue su momento.

En cambio, los libros de autoayuda los escribo con un fin muy particular. Entre otras cosas, he escrito sobre relaciones de pareja, sobre el placer de escribir y la dificultad de publicar, sobre el embarazo y la maternidad, sobre la crianza y la creatividad de los hijos, y sobre cumplir 40 años. Son todos temas que me interesan personalmente. Los escribí porque sentía la necesidad de compartir lo que yo misma había aprendido acerca de cada uno de esos temas y siempre he incluido mi propia experiencia. Cada uno de esos títulos ha mejorado mi propia vida y gracias a ellos me comunico con lectores a los que de otra manera no conocería.

Cuando escribo sobre algo que me apasiona, me intriga o me concierne, las palabras fluyen, porque lo hago con verdadero interés, con pasión. Ahora me llegan *e-mails,* en lugar de cartas, de muchos lugares del mundo que ni tan siquiera he visitado. Es difícil describir la satisfacción que siento cuando alguien me dice que un libro mío le impactó o le ayudó a superar una fase de su vida.

Si hay tantos libros de autoayuda válidos, ¿por qué escribir más? Escribo libros de autoayuda porque me gusta leerlos, me gusta escribirlos, y sobre todo porque he comprobado que, mediante lo que escribo, logro conectar con mis lectores y siento que ése es mi propósito en la vida: comunicar y motivar. La escritura es el principal medio que uso para conseguir eso, pero también lo hago en cursos, en charlas y en conversaciones.

La actitud con la que abordo los temas sobre los que escribo logra despertar interés o un deseo de mejora o un sentimiento de esperanza en algunos lectores, y ése es mi motor.

Tampoco dejaré de escribir novelas o cuentos, pero ése es otro tema.

Raimon Samsó

A mediados de los años ochenta del pasado siglo, cayó en mis manos un ejemplar de un libro que creo que nunca habría ni comprado ni leído por aquel entonces –de no haber sido porque me lo recomendó con entusiasmo una persona que yo respetaba–. Se trataba de *Lo que sé de mí*, de Shirley MacLaine. Quienes lo han leído recordarán que, en ese libro autobiográfico, la conocida actriz relata cómo despertó a su espiritualidad; y en él narra vivencias que en aquel entonces yo no sabía cómo calificar. Recuerdo que al terminarlo pensé que si las cosas eran tal como ella las explicaba, yo había estado perdiendo el tiempo en la universidad y en la escuela. Me había perdido algo importante, muy importante. Y me pregunté: ¿por qué una persona que lo ha conseguido todo en la vida se arriesga a ser tachada de loca escribiendo semejante libro? La única respuesta que encontré fue: porque cree firmemente en lo que escribe y porque es verdad. En resumen, su valentía se ganó mi credibilidad.

Despues, leí otros libros de Shirley MacLaine –todos autobiograficos– de espiritualidad. La autora me impactó, inspiró mi corazón,... y ya nunca más fuí el mismo. No nos conocemos, pero somos amigos del alma; así la considero al menos. Lo que ella me regaló –inspiración– yo iba a ofrecerlo mucho después a otras personas. Pero yo aún no lo sabía.

Pasaron los años, y un libro me llevó a otro. Entretanto, seguía enfocado en labrarme una brillante carrera profesional en el mundo de las finanzas. Vivía dos vidas: una muy material y otra muy espiritual. No digo que no esté bien o no sea posible combinarlas, pero lo que fallaba en mi caso era que no me sentía comprometido con ninguno de los dos ámbitos. Flirteaba con dos realidades porque en el fondo no me creía ninguna de ellas. Estaba en tierra de nadie.

Así fue, hasta que en los noventa llegó a mí otro libro, éste en versión inglesa, que no me cansaré de recomendar: *Amar es deshacerse del miedo* de Jerry Jampolsky (me lo regaló el presidente del grupo multinacional noruego en el que yo trabajaba como *controller*). Aquel sencillo manual para la paz interior inmediata se refería una y otra vez a otro libro de título más prometedor aún: *Un Curso de Milagros*, por aquel entonces disponible sólo en inglés. Lo conseguí, y en sus páginas aprendí todo lo que hoy sé. Es el material básico en mi trabajo como *coach*, escritor y formador. Es mi libro de cabecera; y aunque leo compulsivamente de casi todo –un libro por semana–, siempre vuelvo a él cuando deseo sentirme como en casa. No digo que sea el único, ni que sea el mejor, sino que fue el que me funcionó. Como consecuencia –me cambió tantísimo–, empecé a escribir mis propios libros, cambié de profesión, de valores y de estilo de vida.

Mi primer libro, *Taller de Amor,* surgió de un modo natural como el compendio de mis notas personales privadas. Como tuvo una gran acogida en 1995, seguí escribiendo –siempre dentro de la autoayuda– sin plantearme siquiera otro género literario diferente. Es cierto que he escrito algunas novelas: *Dos almas gemelas* o *El maestro de las cometas,* pero siempre dentro de la superación personal. Mi profesión como autor es la combinación de mis dos pasiones: el conocimiento y la escritura.

Y hoy ésta es mi forma de estar en el mundo y no me imagino mi vida sin libros de espiritualidad, autoayuda y motivación.

Como lector, diré que raramente leo narrativa convencional, siempre ensayo o narrativa de crecimiento personal. Amo los textos antiguos de sabiduría perenne de diferentes culturas, los autores clásicos. Desde los 17 años me intereso por la filosofía budista, que fue la materia de una tesina preuniversitaria que desarrollé cuando era estudiante. Pero también me gusta leer todo lo que sale nuevo; y en este sentido, acudo a la vanguardia de la autoayuda comprando libros en inglés en Estados Unidos, a través de Amazon. Así leo textos mucho antes de que se traduzcan a mi lengua (aunque parte de lo que leo nunca llega a editarse en mi país). Mi hábito de lectura es de uno o dos libros a la semana; y cada mes hago mi pedido *on line* de tres o cuatro libros en Estados Unidos. Y aun así, siempre que entro en una librería salgo con una compra.

Experiencias de los lectores: por qué leemos libros de autoayuda

«Mi biblioteca personal contiene una gran cantidad de libros de autoayuda... pero el libro de autoayuda solo es útil para aquel que está dispuesto a pagar un precio por conseguir sus metas. La mayoría de las personas no quieren pagar o dar nada a cambio. En general es más fácil echar la culpa a los demás o a las circunstancias de nuestros problemas, cuando en realidad, está en nuestras manos.» Pilar Rodríguez (Vidreres, Girona).

«Hace tres años estaba a punto del suicidio. Un libro de autoayuda fue mi tabla de salvación en ese momento. La autoayuda es fundamental para los que queremos que sea fundamental, si deseamos descubrir que hay otra forma de ver y entender la vida.» Xandro (Sevilla).

«Los libros de autoayuda son tan útiles como cada una de las personas que te encuentras por el camino de la vida ¿Y quién puede calibrar, medir, sopesar, cuál ha sido la persona mas necesaria en cada paso que has dado? Todas y cada unas de ellas han sido, son y serán absolutamente necesarias y únicas. El libro mas importante, si tuviera imperiosamente que anteponer uno a los demás, fue el primer libro de autoayuda que leí.

»La primera vez que un libro me habló directamente e hizo que mi voz interior le contestara fue sin lugar a dudas el más especial; qué importa el título. Aunque lo recuerdo perfectamente, no es importante; fue el que abrió mis oídos para escuchar y cerró mis ojos para, paradójicamente, enseñarme a verme a mí misma, el que me hizo mirar a las personas y realmente verlas. Quizas todos los libros leídos y los que aún están por llegar sólo son uno y ese uno es el libro más importante.» Bea Santiago (Asturias).

«Me ha ayudado mucho leer libros de autoayuda. Me ayudó a conocerme a mí misma y también a mejorar mi relación con los demás. Me han ayudado a aumentar mi autoestima, y lo más importante: a saber que mi felicidad no depende de lo que hagan o piensen los demás, ni de las circunstancias que me envuelven.» Fina Jou (Barcelona).

«Escuchando un programa de radio, mencionaron un libro. Además, en aquel programa hablaron de los deseos, nuestros objetivos no cumplidos, nuestros anhelos, y por eso lo compré. Puedo asegurar que ese libro cambió mi vida. Trabajaba como administrativa en una empresa química, desde hacia ocho años, con contrato indefinido, estabilidad laboral, sueldo más que aceptable, pero sin ninguna ilusión, sin motivación y me encontraba siempre triste. A raíz de una conversación con el gerente de mi empresa, fue cuando descargué todas mis ilusiones profesionales, que no había visto satisfechas trabajando en esa empresa. Le dije que me iba, y me fuí. Ahora estoy estudiando educación infantil, y cada día pienso que me queda un poco menos para alcanzar lo que verdaderamente quiero hacer: educar a los más pequeños.» Rosa Martí (Reus, Tarragona).

«Hace quince años entré en una crisis emocional muy fuerte, hasta el extremo de quererme suicidar. Por suerte, el tener una criatura de tres años me ató a la vida, y fue cuando conocí el libro *Usted puede sanar su vida* de Louise L. Hay, recomendado por una amiga. Fue como una biblia para mí. Me salvó la vida y decidí ayudar a otras mujeres formándome como *Hay Teacher*.» Adoración (Aranda, Barcelona).

«Llevo leyendo libros de autoayuda desde los 18 años; ahora tengo 38. No puedo decir cuál es el libro que más me ayudado, por que han sido todos. De cada uno, he sacado lo que necesitaba en ese momento para crecer. A mí los libros de autoayuda me han servido para conocerme y conocer a las personas que me rodean. Primero empecé a leerlos por curiosidad, para ganar confianza conmigo misma, y ahora los leo para disfrutar de las relaciones con los demás, para poder disfrutar del camino de la vida. Lo que he sacado de ellos es el saber que la mayor riqueza de que dispongo soy yo misma.» Silvia Edo (El Vendrell, Tarragona).

«Para mí, leer libros de autoayuda es abrir una puerta hacia mi interior. Es ver reflejado en palabras muchas de esas sensaciones, inquietudes, coincidencias, interrogantes... que traspasan la mente y se te cuelan en el alma. De repente, una frase, o dos, o tres, invaden tu cuerpo y te resuenan por dentro, como conectando con un poder personal oculto, dormido, que quiere despertarse y dialogar con el universo. Me ayudan a tomar conciencia de que somos responsables (y no víctimas) de todo lo que nos acontece.» Susana Puyol (Premià de Dalt, Barcelona).

«Opino que los libros de autoayuda son útiles y además necesarios. Yo empecé a leer libros de autoayuda sobre personas y familias que habían pasado por las mismas dificultades que yo, buscando acompañamiento y legitimación para poder sacar a la luz aquello que necesitaba sanar. Poco después, inicié un proceso terapéutico de crecimiento personal donde los libros de autoayuda han sido para mí compañeros de viaje, guías e inspiración, en cada etapa del camino según la temática que tenía presente en ella y según aquello que necesitaba aprender o aflorar. Creo que en los libros hay mensajes del universo puestos en palabras, susurrados al oído y escuchados por el corazón, en los que no importa el tiempo ni el espacio. Un contacto entre dos almas que se ayudan mutuamente a avanzar, la del que escribe y la del lector». Eva Jiménez (Gavá, Barcelona).

«Desde que la «autoayuda» se ha constituido como un género, es evidente que se está explotando comercialmente su cometido y muchas editoriales priorizan el éxito de ventas sobre el contenido y la calidad del autor. Ahora soy muy cuidadoso y paso un buen tiempo examinando el nuevo libro que me dispongo a comprar. Tengo mi propia biblioteca de unos 200 libros muy seleccionados, a los que acudo y que releo parcialmente de vez en cuando. Para mí son y han sido básicos en mi equilibrio y crecimiento personal.» Jaume Banchs (Barcelona).

«Hay tantos y tantos libros de autoayuda que me han ayudado a crecer como persona... En el 2002 estaba entrenando para una prueba de gran exigencia física y mental: proclamarme «Ironwoman» en Lanzarote: una prueba de triatlón de larga distancia (3.800 natación, 180 km ciclismo, 42 carrera)... Era *amateur* en triatlón, no profesional; y a un mes y medio de esa gran prueba, tuve un accidente en bicicleta, y sufrí una lesión muy importante (luxación del maleolo externo del tobillo izquierdo).

»Empecé a investigar. Leí Thorwald Dethlefsen y Rüdiger Dahlke en *La enfermedad como camino*, a Lise Bourbeau en *Obedece a tu cuerpo*, a Lance Amstrong en *Mi vuelta a la vida*... Si él ha superado un cáncer... ¿cómo no voy a superar yo mi lesión?

»Tenía un mes y medio para la cita de la competición y los médicos decían que la lesión tardaría 6 meses en sanar. Pues bien, me recuperé de la lesión en un mes y competí. Me proclamé «Ironwoman Lanzarote 2002» y tercera de España en larga distancia.» Montserrat Cosials (Barcelona).

«Tengo 24 años. Me casé a los 18 y tengo 2 niños: uno de 5 años y un bebé de 3 meses. Creo plenamente en la autoayuda. Mi matrimonio es feliz y tenemos una empresa que fundamos mi marido y yo. Esa fue la primera meta que alcancé. Partimos de cero, con apenas mil euros de fondos y con un préstamo del banco. Todo el mundo, tanto familiares como amigos nos decían que no íbamos a poder seguir adelante, que era demasiado arriesgado, pero con fe y actitud mental positiva conseguimos en un año una empresa con una amplia cartera de clientes. Hoy en día, las cosas nos funcionan de maravilla.

»El libro que llegó a cambiar mi vida, puedo decir que es el libro titulado *Piense y hágase rico* de Napoleon Hill, y también el libro *Cita en la cima* de Raimon Samsó. Estos dos libros cambiaron mi forma de ver las cosas, de abrirme nuevos horizontes cuando todos me decían que no lograría nada.

»Los libros de autoayuda sin duda son la mejor herramienta para que uno alcance sus metas. Hace semanas conseguí mi segunda meta: ¡ganar a la lotería! Sí, aunque parezca ridículo, yo quería ganar, y gané una suma para poder comprar una casa a cada uno de mis dos hijos y aún me sobró.

Ahora voy a por mi tercera meta, que es escribir un libro de autoayuda de mis propias experiencias para ayudar a los que no ven el lado positivo de las cosas.» Andrea Obreja (Alcázar de San Juan, Ciudal Real).

«Un libro que me cautivó fue *Ética para Amador*, de Fernando Savater. Este ensayo es ya un clásico contemporáneo, nos ayuda a construir nuestro mundo personal y de relación con los demás y nos recuerda que el objetivo de una ética no es someterse a unas determinadas normas morales, sino esforzarse por tener una existencia placentera y feliz, que no menoscabe el placer y la felicidad del otro. Se trata de saber lo que nos conviene, distinguir lo que nos sienta bien de lo que nos sienta mal, porque en eso consiste lo bueno y lo malo. Todo es complicado, claro, porque a veces lo bueno nos parece malo, y viceversa.

»Este libro, en principio un manual ético para adolescentes lo recomiendo a todo el mundo. A mí me ayudó a ver más claramente y caminar mejor por el complejo mundo de las relaciones personales. Pero sigue sin ser fácil, claro.» Ramón Luque, periodista y escritor (Madrid-Sevilla).

«*Las siete leyes espirituales del éxito*, de Deepak Chopra. Me pareció que tenía enseñanzas muy profundas en lenguaje muy sencillo. Durante varios años, lo tuve sobre mi mesilla de noche y aplicaba sus enseñanzas». Andrea Tabor, actriz y empresaria (Vero Beach, Florida).

«Me cuesta optar por decirte un libro de superación personal que me haya impactado, porque ha habido tantos libros que me han impactado... Pero si tengo que elegir uno, sería *El poder del ahora,* de Eckhart Tolle, porque explica de manera muy pedagógica y clara conceptos difíciles de entender y explicar.» Noemí Tovar, psicólogo y auxiliar de vuelo (Madrid).

«Durante años oí hablar en Estados Unidos de Dale Carnegie, y a mí me parecía un charlatán, porque, después de todo, un autor que vendía muchísimos libros al gran público acerca de cómo hacer amigos no merecía el respeto de un académico, y yo era profesor universitario.

»Años más tarde, en Madrid, solía visitar una librería de psicología cerca de casa, que regentaba un psicólogo. Era un hombre culto e inteligente. Un día, vi una traducción de *Cómo ganar amigos e influir en las personas* en esa librería e hice un comentario desafortunado sobre el mismo. El librero me contó por qué tenía ese libro en sus estanterías. Un profesor de la Universidad Complutense de Madrid entró a comprar un libro científico y, por curiosidad, compró el libro de Carnegie. Pocos días después, volvió y pidió diez copias más, para regalar a sus amigos. Entonces decidí comprar el libro. Después de leerlo, supe que Carnegie vendía sentido común a raudales, en un lenguaje accesible. Me enseñó a no ser tan prepotente y a tener la humildad suficiente como para escuchar a los demás por si puedo aprender algo de ellos. Todavía releo ese libro de vez en cuando.» Delfín Carbonell Basset, lexicógrafo (Madrid).

«*El Libro tibetano de la vida y de la muerte*, porque me dio una perspectiva totalmente diferente de lo que es la muerte y me sacó por completo el miedo que tenía.» Mariela Dabbah, escritora y oradora (Nueva York).

«*Tus zonas erróneas*, de Wayne Dyer. Cuando lo leí, yo tenía veintipocos años y el libro decía muchas cosas que yo necesitaba oír para poder organizarlas un poco... Hace mucho tiempo que leí el libro, pero me ayudó mucho.» Eva Bernal, Directora de Casting (Madrid).

«*¿Quién se ha llevado mi queso?*, de Spencer Johnson, y *El Alquimista*, de Paulo Coelho. El primero me ayudó a entender que quejarse de los cambios que la vida nos trae no es más que una pérdida de tiempo. Por medio del simple ejemplo de un par de ratones, el libro explica lo irracional que muchas veces los humanos somos al esperar resultados diferentes mientras que seguimos haciendo lo mismo. Es tan fácil salir airoso de cualquier situación si dejamos de quejarnos y enfocamos nuestra energía en las cosas que realmente son importantes... Gracias al libro, me di cuenta de que continuar en el círculo vicioso de una relación sin futuro no iba a darme más infelicidad de la que ya me estaba dando, sino que iba a quedarme en el mismo estado de infelicidad en el que estaba. Entonces tomé la decisión de terminar la relación y mudarme de ciudad». Karynn Cavero, asesora financiera (Naples, Florida).

Los cinco libros que más mencionan los lectores a quienes hemos consultado –y por este orden– son:

1. *Usted puede sanar su vida,* de Louise L. Hay
2. *Tus zonas erróneas,* de Wayne Dyer
3. *El poder del ahora,* de Eckhart Tolle
4. *El vendedor más grande del mundo,* de Og Mandino
5. *Las siete leyes espirituales del éxito,* de Deepak Chopra

¿Y a ti, cuáles son los libros que te han ayudado a evolucionar?

Algunos libros de autoayuda imprescindibles

Hay tantos buenos libros de autoayuda que su mención excede el alcance de esta obra. Hemos incluido –siguiendo el orden de su año de primera edición– algunos que nos parecen interesantes para quienes deseen orientación y una pequeña guía para comenzar. (No detallamos la editorial porque algunos de ellos han sido publicados muchas veces por editoriales diferentes y en formatos distintos.)

Meditaciones (Siglo II), de Marco Aurelio
Resumen: El mensaje principal del libro es que no debemos dejarnos llevar por las minucias de la vida. Hay que aprender a apreciar la existencia en un contexto más amplio.

El emperador Marco Aurelio era seguidor del estoicismo. Su máxima en la vida era no dejarse amargar por las dificultades del diario vivir. Afirma que las situaciones y actitudes desagradables son algo inevitable pero que no hay que sucumbir ante ellas.

El estoicismo que predica Marco Aurelio en sus *Meditaciones* enseña que cada persona debe asumir la total responsabilidad de sus actos y no atribuir el mal comportamiento a los factores externos. También asegura que es vital tener una mente independiente y que el bienestar de la comunidad debe estar siempre por encima del bienestar personal.

Este libro asegura que la vida es imperfecta y que no siempre sabremos por qué ocurren determinadas cosas. Sin embargo, nos reconforta diciendo que, en el fondo, todo ocurre por algo.

Recomendado para: personas que no tengan mucho tiempo para leer y que busquen una lectura intemporal, aplicable a cualquier situación de su vida.

El Bhagavad-Gita

Resumen: El mensaje principal del *Bhagavad Gita* es que la paz está en el interior de uno mismo.

La obra está escrita en una mezcla de géneros: poesía, escrituras, filosofía y contiene enseñanzas y principios intemporales.

El libro explica cómo la felicidad se encuentra cuando se dejan de desear cosas externas para ser feliz: desde dinero o una buena posición social, hasta la fama y el reconocimiento de los demás.

Aborda la meditación como forma de interrumpir el pensamiento y el deseo. También habla de que hay que centrarse en el proceso de creación (o en el camino hacia la consecución de una meta) y no en el resultado. Sólo así se conseguirá la felicidad.

Recomendado para: personas de mente abierta y que se hayan dejado llevar por el consumismo y por el anhelo de un mañana mejor.

El Dhammapada (las enseñanzas de Buda)

Resumen: El mensaje principal del libro es que cada vida es el resultado de la calidad y cualidad positiva o negativa de sus pensamientos.

El *Dhammapada* es un libro espiritual basado en las enseñanzas de Siddhartha Gautama Buda, que vivió 500 años a. C.

Está escrito en lenguaje muy sencillo, nada académico ni complicado, y sus principios son perfectamente aplicables hoy día.

Asegura que los humanos somos perfectamente capaces de ser felices sin un motivo externo. También aborda la autodisciplina y la importancia de hablar y actuar con consciencia y no en reacción a comportamientos de otras personas o situaciones que no podemos controlar.

Cuenta que para alcanzar la sabiduría espiritual no es preciso retirarse a un monasterio, sino que podemos cultivar el espíritu en el contexto de nuestra vida habitual.

Recomendado para: personas que deseen comprender la naturaleza del ser humano y practicar el desapego de las estructuras mentales que causan el sufrimiento.

Cómo ganar amigos e influir en las personas (1936), de Dale Carnegie

Resumen: El mensaje principal del libro es que la empatía es la base de las buenas relaciones interpersonales.

Fue uno de los primeros libros de autoayuda modernos, y sigue vendiéndose con éxito. Carnegie escribió el libro basándose en sus cursos de oratoria y nunca imaginó que llegaría a ser un superventas, incluso años después de su muerte.

El libro ofrece pautas para mantener buenas relaciones con los demás, ya sean empleados, jefes, parientes o amigos. Algunas de ellas son: escuchar con atención, evitar las discusiones y procurar ver las cosas desde el punto de vista de nuestro interlocutor. La habilidad de encontrar siempre un motivo para ofrecer un elogio sincero a otra persona es, según Carnegie, lo más importante para unas buenas relaciones.

Recomendado para: personas que trabajen en un ambiente corporativo o en equipo. También para quienes trabajan de cara al público o simplemente quieran mejorar sus relaciones interpersonales.

Visualización creativa (1978), de Shakti Gawain

Resumen: Nuestra vida refleja lo que pensamos. El libro se basa en el poder de la mente y en que tenemos la capacidad de crear la realidad que deseemos a base de visualizar nuestras metas y de hacer afirmaciones.

Popularizó la visualización de metas. Lo cierto es que la kinesiología demuestra que los pensamientos pesimistas reducen la fuerza de los músculos y que en cambio los pensamientos felices u optimistas la aumentan. De ahí que cuando estamos deprimidos tengamos tan poca energía física y cuando estamos ilusionados con algo nos sintamos capaces de hacer cualquier cosa sin descanso.

El libro contiene meditaciones y ejercicios para poner en práctica con regularidad.

Lorraine utilizó los ejercicios guiados por las meditaciones en un audiolibro de la Shakti Gawain y al poco tiempo quedó embarazada de su primera hija y vio publicados dos de sus libros que en principio parecían abocados a quedar olvidados en un cajón.

Recomendado para: personas visuales con la imaginación desarrollada. También para personas constantes con la determinación de escribir o repetir afirmaciones.

El caballero de la armadura oxidada (1989), de Robert Fisher

Resumen: Es una fábula que enseña que debemos liberarnos de las barreras que nos impiden amarnos a nosotros mismos para ser capaces de dar y recibir amor.

El libro, que en su versión original en inglés no tuvo tanto éxito como en español, es éxito de ventas en nuestro idioma.

Relata la historia de un caballero, enfundado en su armadura, que un buen día descubre que no puede quitársela. Pues tanto se acostumbró a llevarla, que ya es parte de él. Ahí comienza su peregrinaje para conseguir liberarse de la armadura.

El mensaje que transmite es que para obtener ayuda hay que estar dispuestos a admitir que necesitamos esa ayuda y liberarnos de la coraza invisible con la que a menudo nos aislamos de la vida diaria. Propone enfrentar nuestros temores, aprender a vivir en silencio (tanto silencio interior como exterior) y perseverar en nuestros deseos para conseguir lo que más anhelamos.

Recomendado para: lectores que prefieren una fábula a un ensayo de autoayuda. Entretiene y hace pensar al mismo tiempo. Para cualquier persona que quiera reflexionar sobre su propia vida y sacar sus propias conclusiones.

Los 7 hábitos de la gente altamente eficaz (1989), de Stephen Covey

Resumen: Para ser eficaz y conseguir lo que uno se propone, hay que priorizar los objetivos, y sobre todo ser proactivo.

El concepto clave que Covey aborda en el libro es el de la autoresponsabilidad. Es decir, dejar de buscar culpables de nuestros problemas o de nuestra situación actual. Uno de los hábitos es ser proactivo en lugar de reactivo. Para cambiar nuestra situación externa, primero debemos cambiar en el interior. Otro hábito es priorizar para dedicar tiempo a las cosas y personas que realmente importan.

El libro cubre aspectos de la vida personal y familiar, pero también del mundo empresarial. Covey se centra en poner en práctica la repetición de acciones para crear hábitos que conduzcan a un cambio duradero, ya sea de carácter, de valores o de resultados.

Recomendado para: personas pragmáticas, lectores dispuestos a tomar las riendas de su vida y poner en práctica lo que van aprendiendo en el libro. Para profesionales corporativos.

Los hombres son de Marte, las mujeres son de Venus (1992), de John Gray

Resumen: Hay diferencias reales entre hombres y mujeres, y saber cuáles son ayudará a que los dos sexos se relacionen mejor entre sí.

Gray ha publicado muchos otros libros después de aquel primer superventas, que en Estados Unidos es criticado por las feministas pero aclamado por muchas otras personas.

Algunos de los ejemplos resultan un tanto forzados, pero tiene puntos muy válidos.

Por ejemplo, explica que a las mujeres les gusta hacer comentarios sobre problemas sin por ello estar pidiendo una solución. En cambio los hombres prefieren ofrecer soluciones, y de no poder hacerlo, no encuentran el sentido de hablar sobre algo que no tiene remedio.

En otros casos, explica que los hombres son más introvertidos y necesitan replegarse en su «cueva» y que las mujeres deben darles ese espacio y no interferir en su necesidad de soledad.

Todos los puntos son discutibles, pero, en general, los conceptos parecen en su mayoría acertados y el libro ha ayudado a muchas parejas a mejorar su comunicación.

Recomendado para: personas que quieran comprender mejor al otro sexo y mejorar su relación de pareja.

El cuidado del alma (1992), de Thomas Moore

Resumen: Para vivir con plenitud, hay que ahondar tanto en la luz como en la oscuridad del espíritu.

Moore, psicoterapeuta, ex monje y teólogo, basa su libro en el concepto de que para vivir plenamente hay que dedicarse de lleno a todo lo que uno hace: desde lavar los platos hasta componer música. Incluso habla del alma de una casa, y cómo el hecho de dedicar tiempo y atención al espacio donde se vive o trabaja alimenta el espíritu del lugar.

Moore no es partidario de ignorar la tristeza o melancolía o de intentar superarlas con medicación y de forma rápida. Defiende que la depresión es una oportunidad para el crecimiento interior y para el autoconocimiento.

Defiende que no hay que perseguir la felicidad a toda costa ni el éxito externo, sino realizarse mediante una vida plenamente consciente, poniendo atención a todos los sentimientos y sensaciones que se experimentan, tanto los que producen gozo como los que causan dolor.

Este libro puede ser como un bálsamo para el lector que esté pasando una crisis.

Recomendado para: intelectuales y pensadores. Para lectores que no estén conformes con «la obligación de ser feliz», la presión social para tener muchas metas o estar de buen humor siempre.

El poder del ahora (1992), de Eckhart Tolle

En resumen: El objetivo es vivir cada momento sin preocuparnos del futuro ni rumiar sobre el pasado. Así dejaremos de sufrir y seremos libres para disfrutar del momento presente, que es el único que realmente existe.

Tolle cuenta cómo, después de llevar una vida de estudio, a los 29 años tuvo una depresión tan fuerte que el sufrimiento le llevó a un despertar espiritual. Dice que pasó los siguientes dos años en un estado de felicidad y contemplación tal que sintió la necesidad de comunicarlo a otras personas y se convirtió en un maestro espiritual. Así nació este libro.

Una de sus afirmaciones es: «Todos los problemas son una ilusión mental». Tolle dice que no hay problemas, sino situaciones sobre las que se puede hacer algo en ese momento o bien aceptarla pues no hay remedio. Tolle está en la línea de Thomas Moore en cuanto a aceptar la melancolía o una dificultad emocional o física. Dice que para poder superar algo, incluso el dolor, primero hay que ahondar en él y sentirlo a conciencia. Atravesarlo y no esquivarlo.

No es para leerlo rápidamente.

Recomendado para: personas que quieran liberarse de la mala costumbre de la preocupación. Para quienes deseen aprender a vivir el presente, libres de expectativas.

Las siete leyes espirituales del éxito (1994), de Deepak Chopra

Resumen: El camino hacia la prosperidad no tiene por qué ser ni una lucha ni difícil. Argumenta que si se deja de poner resistencia a la abundancia natural del universo, se alcanzará la paz interior y la prosperidad.

Deepak Chopra es autor de más de 30 títulos, aparte de éste, pero por su brevedad y sencillez, éste es un buen libro de cabecera. En el libro, Chopra aborda la importancia de encontrar nuestro propósito en la vida (dharma). Aborda también la ley de la pura potencialidad, que se alcanza mediante la meditación y también mediante la observación de la naturaleza. Asegura que cuanto más damos (en términos de cosas materiales e inmateriales), más recibimos. Explica que cuando actuamos movidos por la buena intención y el amor, y no por el ego, podemos conseguir cualquier cosa. Dice que una mente tranquila es capaz de materializar cualquier deseo.

La ley del desapego, que implica no temer a la pérdida, es el camino hacia la felicidad.

Recomendado para: quienes disfruten de una lectura breve pero profunda. Como libro de cabecera, para releerlo a menudo.

Volver al amor (1994), de Marianne Williamson

En resumen: Cuando dejamos de intentar controlarlo todo, incluidas las demás personas, y decidimos amarnos a nosotros mismos y encomendarnos a un poder superior, logramos hacer milagros.

Volver al amor está basado en *Un curso de milagros,* un libro colosal que aparentemente fue dictado a la persona que lo escribió y que es como una biblia para el movimiento *New Age* espiritual.

El libro se basa mayormente en las relaciones interpersonales, y afirma (al igual que *Un curso de milagros*) que cada relación que tenemos, sin excepción, es una experiencia educativa de primer orden y una oportunidad para elegir el amor en lugar del temor.

También aborda el ámbito profesional y explica cómo es vital encontrar un trabajo que nos llene y que contribuya a nuestro propósito de vida. Asegura que el éxito no es ganar mucho dinero o tener un puesto de trabajo de alto rango, sino desempeñarse en aquello que nos permite usar nuestras habilidades innatas y lo que las ponga al servicio de la humanidad.

En este caso, como en la mayoría de libros espirituales y de superación personal, el término «Dios» se refiere a un poder superior y no a una religión en particular.

Recomendado para: personas que se encuentren en relaciones o situaciones laborales difíciles. Para personas con adicciones.

Inteligencia emocional (1995), de Daniel Goleman.

Resumen: El mayor éxito personal es aprender a tener autocontrol sobre las emociones.

Según Goleman, no es justificable dejarse llevar por emociones como la ira, la envidia o la desesperanza, entre otras. Asegura que la persona emocionalmente inteligente es capaz de darse cuenta de cuándo surgen estas emociones y no dejarse llevar por ellas.

Explica por qué funciona el pensamiento positivo y asegura que la determinación, la persistencia y la capacidad de automotivarse son cualidades clave de las personas emocionalmente inteligentes.

Tener un cociente intelectual alto es útil para resolver problemas matemáticos, por ejemplo; pero para ser feliz, llevarse bien con los demás y además lograr lo que uno se propone, la inteligencia emocional es mucho más útil.

Recomendado para: lectores que prefieran leer un libro de autoayuda más académico. Para personas a quienes les cuesta controlar sus emociones.

El Secreto (2006), de Rhonda Byrnes

En Resumen: El Secreto es «La ley de la atracción», que dice que cualquier pensamiento atrae energía y resultados acorde con su naturaleza. Es decir, lo negativo atrae más negatividad y lo positivo atrae más positividad.

El Secreto es también un documental, en el que se entrevista a personas de éxito en diferentes ámbitos, incluidos autores de libros de superación personal, como Jack Canfield (*Sopa de Pollo para el alma* y *Los Principios del éxito*, entre otros).

Contiene muchas citas que apoyan el concepto de la Ley de la atracción, y aunque es repetitivo, ha logrado poner al alcance del gran público conceptos para alcanzar la abundancia. Sus predecesores editoriales son *Piense y*

Hágase Rico, de Napoleón Hill, y *La ley de la atracción*, de Esther y Jerry Hicks entre otros.

Recomendado para: personas que no suelen leer libros de autoayuda y que están dispuestas a hacer un cambio en su vida pero no saben por dónde empezar.

Apéndice

A) Los doce pasos de «Alcohólicos Anónimos»

1. Admitimos que éramos impotentes ante el alcohol, que nuestras vidas se habían vuelto ingobernables.
2. Llegamos a creer que un poder superior a nosotros mismos podría devolvernos el sano juicio.
3. Decidimos poner nuestras voluntades y nuestras vidas al cuidado de Dios, como nosotros lo concebimos.
4. Sin miedo hicimos un minucioso inventario moral de nosotros mismos.
5. Admitimos ante Dios, ante nosotros mismos y ante otro ser humano la naturaleza exacta de nuestros defectos.
6. Estuvimos enteramente dispuestos a dejar que Dios nos liberase de todos estos defectos de carácter.
7. Humildemente le pedimos que nos liberase de nuestros defectos.
8. Hicimos una lista de todas aquellas personas a quienes habíamos ofendido y estuvimos dispuestos a reparar el daño que les causamos.

9. Reparamos directamente a cuantos nos fue posible el daño causado, excepto cuando el hacerlo implicaba perjuicio para ellos o para otros.

10. Continuamos haciendo nuestro inventario personal y cuando nos equivocábamos lo admitíamos inmediatamente.

11. Buscamos a través de la oración y la meditación mejorar nuestro contacto consciente con Dios, como nosotros lo concebimos, pidiéndole solamente que nos dejase conocer su voluntad para con nosotros y nos diese la fortaleza para cumplirla.

12. Habiendo obtenido un despertar espiritual como resultado de estos pasos, tratamos de llevar este mensaje a los alcohólicos y de practicar estos principios en todos nuestros asuntos.

B) Guía rápida de autoayuda

Tarde o temprano, todos atravesamos por momentos de dudas, de desaliento y de tentación a abandonar la vía de la superación personal. En momentos así, prueba a leer los siguientes pasos para crear la vida que deseas.

1. Escribe tus metas en una ficha o en una tarjeta de visita y llévalas en la cartera para tenerlas siempre presentes. Comprométete a alcanzarlas.

2. Proponte hacer todo lo que esté en tu mano para alcanzar tu meta. Recuerda que el deseo sin constancia y disciplina no sirve de nada. Hay que actuar sobre él.

3. Rodéate de personas automotivadas que compartan tu entusiasmo e ignora a las personas que no apoyen tu desarrollo personal.
4. No dejes que el miedo o la pereza te impidan actuar. Cada vez que consigas hacer algo a pesar del temor, de la pereza o la duda, serás más fuerte y poderoso.
5. Enfócate en cómo mejorar tu situación o estado de ánimo y procura no agobiarte por el futuro ni lamentarte por el pasado.
6. Lee y escucha a diario libros de autoayuda durante al menos media hora. Mejorará tu actitud y aumentará tu energía.
7. Ten disciplina. Recuerda que la única manera de fracasar es tirar la toalla. No te permitas ni tan siquiera contemplar la posibilidad de abandonar.

C) Siete preguntas que responder después de una lectura de autoayuda

1. ¿Qué beneficios me gustaría conseguir de las propuestas del libro?
2. ¿Cómo sería mi vida si aplicara completamente las enseñanzas del libro?
3. ¿Qué está ocurriendo en este momento de mi vida con respecto a este tema?
4. ¿Qué creencias y comportamientos actuales pueden dificultarme el aplicar lo leído?
5. ¿Qué podría hacer para conseguir el máximo beneficio de la lectura?

6. ¿Qué elijo hacer en concreto –y cuándo lo haré– para sacar el máximo partido del libro?

7. ¿Quién o qué puede ayudarme a conseguirlo?

D) Los 12 «Principios de la sanación por la actitud» (Gerald G. Jampolsky del Center for Attitudinal Healing, en Sausalito, California)

1. La esencia de nuestro ser es el amor.

2. La salud reside en tener paz interior y la curación consiste en librarse del miedo.

3. Dar y recibir son la misma cosa.

4. Podemos desprendernos del pasado y del futuro.

5. El único momento que hay es ahora y cada instante es para dar.

6. Podemos aprender a amarnos a nosotros mismos y a los demás a través de perdonar en lugar de juzgar.

7. Podemos aprender a encontrar amor en lugar de defectos.

8. Podemos decidir y encaminarnos a tener paz interior independientemente de lo que esté sucediendo en el exterior.

9. Todos somos discípulos y maestros unos de otros.

10. Podemos concentrarnos en la totalidad de la vida y no sólo en los fragmentos.

11. Puesto que el amor es eterno, la muerte no debe atemorizarnos.

12. Podemos considerar que todos estamos siempre brindando amor o bien pidiendo ayuda.

E) Kit de primeros auxilios para los momentos de desaliento:

1. Visualiza lo bien que te sentirás después de poner en práctica lo que te da pereza hacer y hazlo.
2. Da un paso, por pequeño que sea, para romper la inercia. Si no puedes ir al gimnasio, sal a dar un paseo. Cualquier acción es mejor que ninguna. Actúa.
3. Escoge una persona que actúe de «entrenador» (*coach*) y cuando sientas desaliento, llámala por teléfono y pide que te ayude a ponerte en marcha.
4. Escribe una lista de gratitud y describe tus logros. Pueden ser algo tan sencillo como haber enviado tu currículum a una nueva empresa o haber pasado por alto alguna tentación a la que no deseabas sucumbir.
5. Escoge cualquiera de tus libros de autoayuda y ábrelo por cualquier página. Lee algún párrafo que subrayaste antes, o bien lo primero que te llame la atención.
6. Repite con convicción las afirmaciones que más te ayuden a superar los momentos de desaliento.
7. Escucha un audiolibro de autoayuda que te motive.

F) Cómo enfrentar el temor al fracaso

El temor al fracaso es uno de los principales motivos por los que las personas no ponen en práctica las sugerencias de los libros de autoayuda. A continuación te ofrecemos algunas pautas para afrontarlo.

1. Identifica tu temor. Algunos de los temores más comunes son: temor a hacer el ridículo, temor al «qué dirán», temor al rechazo, temor al fracaso, temor a la enfermedad, temor a la muerte y el temor a hablar en público.

2. Haz aquello que temes. Si tienes miedo de hablar en público, busca oportunidades para hacerlo. Desarrolla tu resistencia poco a poco y cada vez que hagas lo que te da miedo, tu temor disminuirá. Sólo temes aquello que desconoces.

3. Recuerda que casi todo el mundo tiene temores, o al menos dudas. La diferencia está en que hay personas que actúan a pesar de esos miedos y por eso, tarde o temprano, alcanzan las metas que se proponen.

4. No postergues lo que temes. Si has de pedir un aumento de sueldo, pagar una factura, o hacer llamadas comerciales, hazlo cuanto antes. Respirarás aliviado cuando termines y te ahorrarás horas de preocupación y de ansiedad innecesaria.

5. Recuerda que para tener éxito antes hay que fracasar. ¿Cuántas veces fracasó Edison antes de conseguir inventar la bombilla incandescente? ¿Cuántos rechazos recibe un escritor antes de ver su primer libro publicado? Más de las que imaginas. Por eso lograron el éxito: porque se atrevieron a fracasar primero.

6. Tú eres quien vive con las consecuencias de tu temor. Enfrentar tus temores es una señal de éxito personal. Celebra cada vez que te atrevas a hacer algo que temes.

7. Pregunta a personas que son como tú quieres ser o que han alcanzado aquello a lo que tú aspiras cómo han superado sus propios temores.

Bibliografía de Lorraine C. Ladish

- *Me siento gorda* (Edaf, 1993). Basado en su propia experiencia con trastornos alimentarios, ha vendido más de 50.000 copias y sigue a la venta.
- *Cuerpo de mujer* (Edaf.,1994). Sobre la autoimagen de la mujer.
- *Belleza interior* (Edaf, 1995). Breves ensayos sobre el diario vivir.
- *Aprender a querer* (Pirámide 1996 y 2003) Sobre la codependencia y las relaciones de pareja.
- *Más allá del amor* (Pirámide, 1998). Sobre las relaciones de amistad y de pareja.
- *El buzón de voz* (Planeta, 2001). Novela.
- *El reto de escribir y publicar* (Obelisco, 2002). Libro práctico que aborda el proceso de escritura y la publicación.
- *Miedo a comer* (Algaba, 2002). Sobre cómo superar un trastorno alimentario.

- *Estoy embarazada. Y ahora, ¿qué?* (Planeta, 2004). Secretos no tan secretos para las mamás primerizas.
- *Diviértete con tus hijos* (Juventud, 2005). Cómo pasar ratos agradables con tus hijos sin gastar dinero y recurrir al televisor.
- *Maldito autor* (RD Editores, 2006). Novela.
- *De los cuarenta para arriba ... disfruta de la vida* (RD Editores, 2007). Sobre la experiencia de cumplir cuarenta años.
- *Escribir, a tu alcance* (Editorial Jirones de Azul, 2007). Curso de escritura.
- *Niño creativo, niño feliz* (Obelisco, 2008). Cómo fomentar la creatividad en los hijos.

Bibliografía de Raimon Samsó

- *Taller de amor, escuela de almas* (Obelisco, 1995). Ensayo de autoayuda.
- *Volver a la Alegría* (Obelisco, 1997). Ensayo de autoayuda.
- *Dos Almas Gemelas* (Obelisco, 1998) Novela de autoayuda.
- *Manual de Prosperidad* (Obelisco, 2000). Ensayo de superación personal.
- *Juntos* (Obelisco, 2009). Novela de autoayuda, continuación de *Dos Almas Gemelas*.
- *El Maestro de las Cometas* (Obelisco, 2003). Novela de autoayuda.
- *Cita en la Cima* (Obelisco, 2007). Ensayo basado en el *coaching* personal.
- *Cien preguntas que cambiarán tu vida en menos de una hora* (Obelisco, 2007). Ensayo de superación personal.

Índice